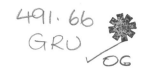

Enwau'r **Cymry**

Welsh First Names

D1580660

Argraffiad cyntaf: 2003
First impression: 2003

⏚ Hawlfraint Heini Gruffudd a'r Lolfa Cyf., 2003
© *Heini Gruffudd and Y Lolfa Cyf., 2003*

Rhif Llyfr Rhyngwladol/*ISBN*: 0 86243 646 X

Llun y clawr blaen: Heini Gruffudd
Cynllun clawr: Robat Gruffudd
Lluniau cyfansawdd: Ceri Jones, gyda diolch arbennig
i Lyfrgell Genedlaethol Cymru

Cyhoeddwyd ac argraffwyd yng Nghymru gan
Printed and published in Wales by
Y Lolfa Cyf., Talybont, Ceredigion SY24 5AP
e-bost ylolfa@ylolfa.com
gwefan ylolfa.com
ffôn (01970) 832 304
ffacs 832 782

Enwau'r Cymry

Welsh First Names

Heini Gruffudd

yLolfa

Diolchiadau

Diolch i bawb a fu o gymorth wrth gynhyrchu'r llyfr hwn:
y rhai a gysylltodd â mi er mwyn cynnwys eu henwau,
Franziska Rossdeutscher am ei chymorth, a gwasg Y Lolfa am
anogaeth i greu rhestr gynhwysfawr o enwau Cymraeg. Diolch
i Mared Roberts, golygydd Y Lolfa, am ei gofal.

Thanks

*Thanks to all who have helped to produce this book:
those who contacted me in order to include their names,
Franziska Rossdeutscher for her help, and Y Lolfa for
encouragement to create a comprehensive list of Welsh names.
Thanks to Mared Roberts, Y Lolfu's editor, for her care.*

Rhagair

· ·

Bu'n bleser gweld y defnydd a fu ar *Enwau i'r Cymry* ac *Enwau Cymraeg i Blant.* Gobeithio iddynt fod o ryw gymorth i rieni ledled Cymru ac mewn rhannau eraill o'r byd. Bu'n bleser hefyd gweld y llyfrau hyn yn sail i nifer o lyfrau eraill ar enwau Cymraeg.

Y bwriad yn y llyfr hwn yw cynnig rhestr weddol gynhwysfawr o enwau y tybir eu bod yn addas i'w defnyddio yn yr unfed ganrif ar hugain. Bydd y sawl sy'n gyfarwydd â'n chwedlau a'n hanes yn gwybod bod cannoedd o hen enwau heb eu cynnwys yma: mater o farn bersonol fu dewis a yw enw yn 'dderbyniol' ai peidio heddiw.

Os ydych am wybod rhagor am y bobl a enwir yn y gyfrol hon, neu am ragor o enwau, byddai'n werth i chi bori yn P. C. Bartrum, *Early Welsh Genealogical Tracts,* Gwasg Prifysgol Cymru, Caerdydd, 1966, Rachel Bromwich, *Trioedd Ynys Prydein*, Gwasg Prifysgol Cymru, Caerdydd, 1978, *Y Bywgraffiadur Cymreig hyd 1940*, Cymdeithas y Cymmrodorion, Llundain, 1953, Meic Stephens (gol.) *Cydymaith i Lenyddiaeth Cymru,* Gwasg Prifysgol Cymru, Caerdydd, 1997, yn ogystal â ffynonellau rhyddiaith a barddoniaeth gynnar a ffynonellau hanes.

Ehangwyd y rhestr gyda chymorth Franziska Rossdeutscher a fu'n gweithio am gyfnod yng ngwasg Y Lolfa. Mae fy nyled yn fawr iddi. Cymerais y cyfle hwn i addasu esboniadau ac i ychwanegu at wybodaeth a gafwyd yn y llyfrau blaenorol.

Unwaith eto, mae'n werth nodi bod rhoi enw Cymraeg ar blentyn yng Nghymru'n ei gysylltu'n uniongyrchol â'n hanes hir a chyfoethog. Gellir dosbarthu'r enwau'n fras fel hyn:

- disgrifiadol, yn nodi pryd a gwedd person
- daearyddol, yn nodi cysylltiad â lle neu fan, afon neu fynydd neu fferm ac ati

- natur, yn cysylltu ag enwau blodau, coed a nodweddion eraill byd natur
- hanes, yn frenhinoedd a breninesau, tywosogion a thywysogesau, yn filwyr ac arweinwyr, naill ai yng Nghymru, yn yr Hen Ogledd neu fannau eraill
- llenyddiaeth, sef enwau beirdd ac awduron
- chwedlonol, yn gymeriadau chwedlau'r Mabinogi, y chwedlau Arthuraidd ac eraill
- hen grefydd, enwau duwiau ac eraill a gysylltir â hen grefydd y Celtiaid
- Cristnogol, enwau o'r Beibl ac enwau saint
- tramor, sef enwau wedi eu Cymreigio o ffynonellau tramor
- gwneud, sef enwau sy'n gyfuniad o enwau, neu'n ffurfiau sy'n cydweddu ag enwau eraill

Wrth ddehongli enwau, mae'r peryglon yn llu. Gall enw sydd fel pe bai'n cynnig ystyr amlwg yn ôl ein hiaith ni heddiw fod â'i darddiad mewn elfennau ieithyddol cwbl wahanol. Hyd yn oed wrth olrhain hanes cymeriadau hanesyddol, crefyddol a chwedlonol, fe welir yn aml bod y ffynonellau'n gallu pontio cenedlaethau ac yn amrywiol eu dehongliad o gysylltiad pobl â'i gilydd. Awgrym, felly, a gynigir yn aml yn yr esboniadau yn hytrach na ffeithiau diymwâd.

Mae hi'n werth nodi bod cyfeiriad at rai enwau'n fynych. Mae llawer o enwau'n tarddu o'r Hen Ogledd, a Cunedda a'i feibion yn darddiad nifer helaeth o'r rhain. Mae Brychan Brycheiniog yn cael ei enwi fel tad nifer helaeth o saint ac mae sôn mynych am y rhain.

Gwelir bod rhai ôl-ddodiaid, fel -og, -yn, -en, -wen, -wyn, -ig, -ydd, -wy, -an, yn gyffredin yn yr enwau, ac yn yr elfen gyntaf mae dod o hyd i'r ystyr.

Datblygodd nifer o'r enwau bedydd hyn yn gyfenwau: gall eraill wneud hynny yn y dyfodol a rhoi i ni gyfenwau i ddisodli'r cyfenwau -s sy'n bla yn awr.

HEINI GRUFFUDD
Gwanwyn 2003

Foreword

• •

*I*t has been a pleasure to see the popularity of Names for the Welsh *and* Welsh Names for Children. *I hope that these have helped parents in all parts of Wales and other parts of the world. It has also been a pleasure to see these used as a basis for many other books on Welsh personal names.*

The intention of this book is to offer a fairly comprehensive list of names which are thought to be appropriate for use in the twenty first century. Those acquainted with Welsh tales and Welsh history will know that there are hundreds of names which have not been included here: whether a name is 'acceptable' today is largely a personal opinion.

If you wish to know more about those mentioned in this volume, or wish to find more names, it would be worth searching in P. C. Bartrum, Early Welsh Genealogical Tracts, *University of Wales Press, Cardiff, 1966, Rachel Bromwich,* Trioedd Ynys Prydein, *University of Wales Press, Cardiff, 1978,* Y Bywgraffiadur Cymreig hyd 1940, *Cymdeithas y Cymmrodorion, Llundain, 1953, Meic Stephens (gol.)* Companion to Welsh Literature, *University of Wales Press, Cardiff, 1997, as well as sources of early prose and poetry and history sources.*

The list has been extended with the help of Franziska Rossdeutscher who worked for a period in gwasg Y Lolfa. I am greatly indebted to her. I took this opportunity to adapt meanings and to add to information given in the previous books.

Once again, it is worth noting that giving a child a Welsh name links him or her directly to our long and rich history. Names can be broadly categorized thus:

- *descriptive, noting a person's appearance*
- *geographic, noting a connection with a place, a river or mountain or farm etc*
- *nature, associating a name with flowers, trees and other characteristics of the natural world*
- *historic, kings and queens, princes and princesses, warriors and*

leaders, either in Wales or in the Old North (northern England and southern Scotland) and other places
- literary, the names of poets and writers
- mythological, characters in the tales of the Mabinogion, the Arthurian tales and others
- old religion, the names of gods and goddesses associated with the old Celtic religion
- Christian, Biblical names and names of saints
- foreign, names of foreign source which have been adapted to Welsh
- artificial, names which are a combination of other names or words, or forms made to match other names.

In interpreting these names, the dangers are galore. A name which seems to offer an obvious meaning in today's language can have its source in quite different linguistic elements. When tracing historical, religious or mythological characters it is often seen that sources can bridge generations and can vary in the association given to people. The explanations offered here are therefore often suggestions rather than undeniable fact.

It is worth noting that some names are referred to often. Many names stem from the 'Old North', i.e. southern Scotland and northern England today, where the earliest known Welsh poetry was written, and Cunedda and his sons are the source of many of these. Brychan Brycheiniog is named as the father of a large number of saints, and these are frequently mentioned.

Suffixes, such as -og, -yn, -en, -wen, -wyn, -ig, -ydd, -wy, -an, are often given to names, and the meaning should be searched for in the first element.

Many names have developed from these first names to become surnames: others can likewise be developed in future to give us surnames to replace the continuous use of '-s' surnames which are a plague in Wales today.

HEINI GRUFFUDD
Spring 2003

Byrfoddau/*Abbreviations*

Defnyddiwyd y byrfoddau hyn yn y llyfr hwn:
The following abbreviations have been used in this book:

–	o flaen dyddiad: bu farw *before a date: died*	
✝	ar ôl enw: enw gwryw *after a name: masculine name*	
✿	ar ôl enw: enw benyw *after a name: feminine name*	
?	ystyr neu darddiad posibl *possible meaning or derivation*	
#	yn perthyn i enw arall *related to another name*	
=	ystyr *meaning*	
>	yn tarddu o *derived from*	
*	dyddiad posib *possible date*	

Rhai geiriau sy'n digwydd yn aml
Some frequently occurring words

• •

a	*and*
ab	*son (of)*
ac	*and*
achau	*ancestry*
afon	*river*
Almaeneg	*German*
anwes	*affectionate*
ap	*son (of)*
ardal	*area*
arwr	*hero*
bardd	*poet*
barddol	*bardic*
Beibl	*Bible*
brenin	*king*
breuddwyd	*dream (of)*
bryn	*hill*
cad	*battle*
canrif	*century*
caru	*to love*
castell	*castle*
Catraeth	*Catterick, where the Welsh were defeated in battle. This is recorded in a poem by the poet Aneirin*
Celtaidd	*Celtic*
chwedl	*tale*
cymeriad	*character*
Cymraeg	*Welsh (language)*
Cymreig	*Welsh*
Cymru	*Wales*
cynnar	*early*
da	*good*
de	*south*
disgybl	*pupil*
duw	*god*
duwies	*goddess*

dda	*good*
eglwys	*church*
enw	*name (of)*
fardd	*poet*
ferch	*daughter (of)*
ffurf ar	*form of*
ganrif	*century*
gogledd	*north*
Groeg	*Greek*
gwen	*white, blessed, fair (used with feminine names)*
gwlad	*country*
gwledig	*leader, ruler*
gwraig	*wife (of)*
gwyn	*white, blessed, fair (used with masculine names)*
gyda	*with*
gynnar	*early*
hael	*generous*
hanes	*history*
Hebraeg	*Hebrew*
Hen Ogledd	*Old North: northern England and southern Scotland today, where the first Welsh poetry was written, and source of many Welsh kings and princes*
hen	*old*
Lladin	*Latin*
lle	*place*
llenyddiaeth	*literature*
Lloegr	*England*
llyfr	*book*
llyn	*lake*
mab	*son (of)*
Mabinogi	*early Welsh tales, usually referred to in English as Mabinogion*
mam	*mother (of)*
mam-gu	*grandmother (of)*
mawr	*big, great*
meibion	*sons*
merch	*daughter (of)*
merched	*daughters (of)*
milwr	*warrior, soldier*
nant	*stream*
pentref	*village*
Saesneg	*English (language)*
sant	*saint*
santes	*saint (feminine)*
sir	*county*

tad	*father (of)*
tad-cu	*grandfather (of)*
teulu	*family*
tref	*town*
tua	*around*
tywysog	*prince*
un	*one*
wen	*white, fair, blessed (used with feminine names)*
wledig	*leader, ruler*
wyn	*white, fair, blessed (used with masculine names)*
y	*the, of the*
ym	*in*
yn ôl	*according to*
yn	*in*
ynys	*island*

A

ab = *son (of)*

Abel +
=? mab
ail fab Adda ac Efa
=? *son*
second son of Adam and Eve

Aberog +
aber = *estuary* + og = *adjectival ending*

Abloeg +
AFLOEG

Adaryn + ☺
ADERYN

Aderyn + ☺
DERYN
= *bird*

Adlais ☺
= *echo*

Adwen ☺
santes gynnar, merch
Brychan Brycheiniog
gwen = *white*
*an early British saint, daughter of
Brychan Brycheiniog*

Adda +
> Hebraeg = coch, lliw y croen
Gruffudd ab Adda ap Dafydd, –1344,
bardd, cyfaill i Dafydd ap Gwilym
Adda Fras, 1240*–1320*, bardd,
claddwyd yn Abaty Maenan, Conwy
Adda o Frynbuga, 1352*–1430,

croniclydd. Mae stribed efydd er cof
amdano yn Eglwys Fair, Brynbuga, y
feddysgrif hynaf yn y Gymraeg
> *Hebrew = red, the colour of skin*
Adam is the English equivalent
*Gruffudd ab Adda ap Dafydd, –1344, poet,
friend of Dafydd ap Gwilym*
Adda Fras, 1240–1320*, poet, buried at
Maenan Abbey, Conwy*
*Adda o Frynbuga = Adam of Usk,
1352*–1430, chronicler. There is a bronze
plaque in his memory at St Mary's Church,
Usk, the oldest Welsh grave memorial*

Addaf +
ADDA
Addaf ap Cedifor, sonnir amdano
mewn llenyddiaeth gynnar
*Addaf ap Cedifor, mentioned in early
literature*

Addaon +
mab Taliesin, enwir ef yn Trioedd Ynys
Prydain
*son of Taliesin, named in the Triads of the
Isle of Britain*

Addonwy +
milwr a ymladdodd yng Nghatraeth,
gw. Aneirin
*a soldier who fought at Catraeth, see
Aneirin*

Aedan +
AEDDAN
brenin yn yr Alban, 6ed ganrif
king in Scotland, 6th century

Aedd +
yn ôl y chwedl, Aedd Mawr oedd
sylfaenydd Ynys Prydain
*according to legend, Aedd Mawr was
the founder of the Isle of Britain*

Aeddan ✢
enw un o'r milwyr a aeth i Gatraeth
(gw. Aneirin) yn y 6ed ganrif
disgybl i Dewi Sant
Aeddan ap Blegywryd, –1024
Aeddan ap Rhodri Mawr
*the name of one of the soldiers who fought
at Catraeth (v. Aneirin) in the 6th century
a pupil of St David*

Aeddon ✢
arwr o Fôn y mae marwnad iddo yn
Llyfr Taliesin
*an Ynys Môn chieftain. The Book of
Taliesin contains an elegy to him*

Aelan ✢

Aelhaearn ✢
sant o'r 7fed ganrif, disgybl i Beuno Sant,
dydd gŵyl 1 Tachwedd
Llanaelhaearn, Arfon
ael = *brow* + haearn = *iron*
*a 7th century saint, a pupil of St Beuno,
celebrated 1 November
Llanaelhaearn, Arfon*

Aelwen ✿
ael = *brow* + gwen = *white, fair*

Aelwyn ✢
ael = *brow* + gwyn = *white, fair*

Aeres ✿
= *heiress*

Aerfen ✿
aer = *battle*
un o dduwiau afon y Celtiaid
cysylltiedig ag afon Dyfrdwy
*a Celtic river goddess
associated with river Dee*

Aergol ✢
Aergol Lawhir, brenin Dyfed yn y
6ed ganrif, noddwr Teilo Sant
*Aergol Lawhir, king of Dyfed in the
6th century, patron of St Teilo*

Aeron ✢ ✿
Celteg, Agrona = duwies cyflafan, duw
rhyfel, cf Aberaeron, afon Aeron
aer = *battle or* aeron = *berries*
*Celtic, Agrona = god of slaughter or war,
cf Aberaeron, river Aeron*

Aerona ✿
AERON

Aeronwen ✿
aeron + gwen = *white, blessed*

Aeronwy ✿
AERON

Aethwy ✢
Porthaethwy, Ynys Môn
Porthaethwy = Menai Bridge, Ynys Môn

Afagddu ✢
mab Ceridwen, enw arall ar Morfran,
yn Chwedl Taliesin
= *utter darkness*
*son of Ceridwen, another name for Morfran,
in The Tale of Taliesin*

Afallach ✢
ŵyr Beli Mawr, rheolwr Prydain
grandson of Beli Mawr, ruler of Britain

Afallon ✢
cludwyd Arthur i Ynys Afallon
Arthur was taken to Isle of Avallon

Afan ✢ ✿
sant, cefnder i Dewi Sant
Afan Ferddig, bardd cynnar
Afan merch Meic Myngfras

Aberafan, Morgannwg
a saint, a cousin of St David
Afan Ferddig, an early poet
Afan daughter of Meic Myngfras
Aberafan, Glamorgan

Afaon ✢
enwir yn y Trioedd cynnar
named in the early Triads

Afarwy ✢
mab Lludd, brenin Prydain, mab Beli,
yn ôl Sieffre o Fynwy. Dywedir iddo roi
cymorth i Iŵl Cesar
son of Lludd, king of Britain, son of Beli,
according to Geoffrey of Monmouth. Said to
have helped Julius Caesar

Afen ✢
AFAN

Afloeg ✢
? Havelock (tarddiad Ficingaidd)
un o feibion Cunedda
? Havelock (of Viking origin)
one of the sons of Cunedda

Afonwy ✪
afon = *river*

Agnes ✪
AGNEST
> Groeg, *agnos* = pur
> *Greek, agnos = pure*

Agnest ✪
AGNES
Agnest ferch Gruffudd ap Cynan

Angell ✪ ✢
afon yng Ngwynedd
a river in Gwynedd

Angharad ✪
an cryfhaol + câr
Angharad ferch Meurig, gwraig Rhodri
Fawr o'r 8ᶠᵉᵈ ganrif
Angharad ferch Rhydderch Hael
Angharad ferch Owain ab Edwin,
–1162, gwraig Gruffudd ap Cynan,
mam Gwenllian
Angharad ferch Peredur, gwraig Owain
Gwynedd
an (intensifying prefix) + câr = loved
Angharad ferch Meurig, wife of Rhodri the
Great of the 8th century
Angharad ferch Owain ab Edwin, –1162,
wife of Gruffudd ap Cynan, mother of
Gwenllian
Angharad ferch Peredur, wife of Owain
Gwynedd

Anghared ✪
ANGHARAD

Angwen ✪
an cryfhaol + gwen
an (intensifying prefix) + gwen = white
or blessed

Angwyn ✢
an cryfhaol + gwyn
an (intensifying prefix) + gwyn = white
or blessed

Aidan ✢
> Hen Wyddeleg, *aid* = tân
sant o'r 6ᵉᵈ ganrif, disgybl i Dewi Sant
(enwau eraill: Aidus, Maidoc, Madog),
dydd gŵyl 31 Ionawr
> *Old Irish, aid = fire*
6th century saint, a pupil of St David (other
names: Aidus, Maidoc, Madog), celebrated
31 January

Alafon ✢
enw barddol Owen Griffith Owen,
19ᵉᵍ ganrif, o Wynedd

*bardic name of Owen Griffith Owen,
19th century, from Gwynedd*

Alan ✛

ALAWN, ALUN
sant cynnar o Gymru a ddaeth yn
esgob Kemper, Llydaw
Alan ab Emyr Llydaw
Alan Fyrgan o Lydaw, a drechodd
Gwilym Goncwerwr yn 1086
*an early Welsh saint who became bishop of
Kemper, Brittany
Alan Fyrgan of Brittany, who defeated
William the Conqueror in 1086*

Alaw ✛ ✪

afon yn Ynys Môn, y bu farw Branwen
ar ei glan
Trealaw, Morgannwg
alaw = *melody*
*a river in Ynys Môn on the banks of which,
as related in the Mabinogion, Branwen died
Trealaw, Glamorgan*

Alawn ✛

un o'r tri bardd cyntaf, yn ôl traddodiad
*one of the first three bards, according to
tradition*

Alban ✛

un o'r merthyron Cristnogol cyntaf ym
Mhrydain, 3edd ganrif
Alban = *Scotland*
*one of the first Christian martyrs in
Britain, 3rd century*

Alcwn ✛

ALCWYN

Alcwyn ✛

> Hen Saesneg, *ealh* = teml + *wine* =
cyfaill. Saesneg, Alcuin
roedd Alcuin, 735–804, yn ddiwinydd
Seisnig, yn gyfaill i Siarlymaen
Alcwyn ap Tegid

> *Old English*, ealh = *temple* + wine =
*friend. English, Alcuin
Alcuin, 735–804, was an English theo-
logian, a friend of Charlemagne*

Aldrydd ✛

ALDRYD
brenin Ewias o'r 9fed ganrif
9th century king of Ewias

Aldwyn ✛

> Hen Saesneg, Ealdwine, *eald* = hen
+ *wine* = cyfaill
> *Old English*, Ealdwine, eald = *old* +
wine = *friend*

Aldyth ✪

ALDITH, ALDWYTH
> Hen Saesneg, Ealdgyth, *eald* = hen +
gyth = brwydr
> *Old English*, Ealdgyth, eald = *old* +
gyth = *battle*

Alec ✛

> Groeg, amddiffynnydd
> *Greek, defender*

Aled ✛

enw afon a llyn yn Sir Ddinbych
Tudur Aled, bardd o'r 15fed ganrif
*name of a river and lake in Denbighshire
Tudur Aled, poet of the 15th century*

Alis ✪

ALYS
Alis ferch Gruffudd ab Ieuan ap
Llywelyn Fychan, 1520*–?, bardd
*Alis ferch Gruffudd ab Ieuan ap Llywelyn
Fychan, 1520*–?, poet*

Alon ✛

ALAN

Ann Griffiths

Adda

Arwel Thomas

Arthur Picton

Angharad Tomos

Alun ✢
> Celteg, Alaunos
enw afon yn Sir Fflint
Alun Mabon, testun cerdd enwog gan
Ceiriog, 1832–87
enw barddol John Blackwell, bardd,
1797–1840
Alun Dyfed, sonnir amdano yn
Englynion Beddau y 9^{fed} a'r 10^{fed} ganrif
> *Celtic, Alaunos*
river name in Flintshire
Alun Mabon, the subject of a well-known
poem by Ceiriog, 1832–87
the poetic name of John Blackwell, poet,
1797–1840
Alun Dyfed, who is mentioned in the
Stanzas of the Graves of the 9th and 10th
centuries

Aluna ✪)
ALUN

Alwen ✪
afon yng Nghlwyd
a river in Clwyd

Alwena ✪
ALWEN

Alwenyn ✪ ✢
? ffurf anwes ar ALWEN
? diminutive of ALWEN

Alwyn ✢
> Hen Saesneg, Aethelwine, *aethel* =
bonheddig + *wine* = cyfaill, neu
ddyfeisiad Iolo Morgannwg, al = mawr,
eithafol, gall fod yn ffurf wrywaidd ar
ALWEN
> *Old English, Aethelwine, aethel = noble*
+ wine = friend, or Iolo Morgannwg's
invention, al = great + gwyn = white,
blessed, could be a masculine form of ALWEN

Alys ✪
ALIS, ALICE
> Hen Almaeneg, Adalheidis, *athal* =
bonheddig + *haidu* = caredig
roedd Alys Rhonwen yn ferch i
Hengist, a daeth yn wraig i Gwrtheyrn
yn y 5^{ed} ganrif, plant Alys = Saeson
Alys ferch Gruffudd ab Ieuan ap
Llywelyn Fychan, 1520*, bardd
> *Old German, Adalheidis, athal = noble*
+ haidu = kind
Alys Rhonwen was the daughter of Hengist,
and became wife of Vortigern in the 5th
century, children of Alice = the English
Alys ferch Gruffudd ab Ieuan ap Llywelyn
Fychan, 1520, poet*

Alltwen ✪
pentref ger Pontardawe
gallt = *hill, grove* + gwen = *white*
a village near Pontardawe

Amaethon ✢
= ffermwr
un o blant Dôn, duwies Geltaidd yn
gysylltiedig ag amaeth (gw. hefyd
Gwydion a Gilfaethwy)
= *farmer*
one of the children of Dôn, a Celtic goddess
associated with agriculture (see also
Gwydion and Gilfaethwy)

Amanwy ✢
enw barddol David Griffiths,
1882–1953, o Ddyffryn Aman
the bardic name of David Griffiths,
1882–1953, from Amman Valley

Amig ✢
cymeriad yn chwedl ganoloesol Amlyn
ac Amig, yn gysylltiedig â llys
Siarlymaen, gw. drama Saunders Lewis,
Amlyn ac Amig
a character in the medieval tale Amlyn and
Amig, associated with the court of

*Charlemagne, see Saunders Lewis's play,
Amlyn ac Amig*

Amlawdd ✛
ANLAWDD, AMLODD
Amlawdd Wledig, tad Eigr
Amlawdd Wledig (Leader), father of Eigr

Amlodd ✛
tad-cu'r Brenin Arthur
King Arthur's grandfather

Amlyn ✛
un o'r ddau gyfaill yn y chwedl
ganoloesol Amlyn ac Amig, yn
gysylltiedig â llys Siarlymaen, gw.
drama Saunders Lewis, Amlyn ac Amig
*one of the two friends in the medieval tale
Amlyn and Amig, associated with the court
of Charlemagne, see Saunders Lewis's play,
Amlyn ac Amig*

Amnon ✛
enw barddol Rees Jones, 1797–1844, o
Dalgarreg, Ceredigion
*the bardic name of Rees Jones, 1797–1844,
of Talgarreg, Ceredigion*

Amos ✛
> Hebraeg = wedi ei gludo, enw
Beiblaidd
> Hebrew = carried, Biblical name

Amranwen ✿
amrant = *an eyelid* + gwen = *white*

Amwel ✛

Anarawd ✛
? an cryfhaol + arawd = araith neu
rhawd = llu
Anarawd ap Rhodri Mawr, –916
Anarawd ap Gruffudd, –1143,
arweinydd gwŷr Deheubarth
? an (intensifying prefix) + arawd =

speech or rhawd = *host
Anarawd ap Gruffudd, –1143, leader of the
Welsh in south-west Wales*

Anatiamaros ✛
= enaid mawr
arweinydd yn hen Gâl yng ngherdd
T Gwynn Jones
*= great spirit
leader in old Gaul in the poem by
T Gwynn Jones*

Andras ✛
ANDREAS neu an cryfhaol + gras
Llandandras, Powys
*# ANDREAS, or an, intensifying prefix +
gras = grace
Llanandras, Powys = Presteigne*

Andreas ✛
> Groeg = gwrol,
disgybl cyntaf Iesu
*> Greek = manly
first disciple of Jesus, Andrew is the English
equivalent*

Andro ✛
ANDREAS

Androw ✛
ANDREAS

Anedd ✿
Anedd ferch Gwrgi, gwraig
Owain Gwynedd
*Anedd ferch Gwrgi, wife of
Owain Gwynedd*

Aneira ✿
an cryfhaol + eira
an, *intensifying prefix* + eira = *snow*

Aneirin ✛

ANEURIN, NEIRIN
> Lladin, *honorus* = anrhydeddus, neu
an + aur
bardd o'r 6ed ganrif a ysgrifennodd am
400 milwr a aeth i Gatraeth i ymladd â'r
Saeson
> *Latin,* honorus = *honourable, or* an,
intensifying prefix, + aur = *gold*
*6th century poet who wrote of 400 Welsh
soldiers who fought the English at Catraeth
(Catterick)*

Aneirwen ☉

an cryfhaol + eira + gwen
an, *intensifying prefix* + eira = *snow* +
gwen = *white*

Anellydd ✛

ANNELL

Anes ☉

ANNES, ANEST, ANNEST, NEST
merch Gruffudd ap Cynan, brenin
Gwynedd yn y 12fed ganrif
*the daughter of Gruffudd ap Cynan, king of
Gwynedd in the 12th century*

Anest ☉

ANES

Aneurin ✛

ANEIRIN
Aneurin Fardd, Aneurin Jones,
1822–1904, o Fedwas, Mynwy, llenor ac
arolygwr gerddi Efrog Newydd
Aneurin Bevan, 1897–1960, Aelod
Seneddol Llafur dros Lyn Ebwy
*Aneurin Fardd, Aneurin Jones, 1822–1904,
from Bedwas, Monmouthshire, writer and
garden inspector, New York
Aneurin Bevan, 1897–1960, Labour
Member of Parliament for Ebbw Vale*

Anhun ☉ ✛

> Lladin, Antonius
Morwyn Madrun, merch Gwrthefyr o'r
5ed ganrif
> *Latin, Antonius, English = Anthony
Maid of Madrun, daughter of Gwrthefyr,
5th century*

Anian ✛

Esgob Llanelwy, –1266
Esgob Llanelwy, –1293
Esgob Bangor, –1306*
= spirit, nature
*Bishop of St Asaph, –1266
Bishop of St Asaph, –1293
Bishop of Bangor, –1306**

Anita ☉

ffurf fachigol ar ANN
affectionate form of ANN

Anlawdd ✛

Anlawdd Wledig, tad Goleuddydd a
thad-cu Culhwch, yn Y Mabinogi
*Anlawdd Wledig, the father of Goleuddydd
and grandfather of Culhwch, in the
Mabinogion*

Ann ☉

ANNA
Ann Griffiths, Dolwar Fach, 1776–1805,
prif emynyddes Cymru
*Ann Griffiths, Dolwar Fach, 1776–1805,
Wales' foremost female hymnwriter*

Anna ☉

> Hebraeg, Hannah neu > Anu, Danu
= Dôn
gwraig/mam Beli Mawr, chwaer Arthur
mam-gu'r Iesu oedd Santes Anna o
Lydaw
> *Hebrew, Hannah or* > Anu, Danu = *Dôn
wife/mother of Beli Mawr, sister of Arthur
Saint Anna of Brittany was Jesus's
grandmother*

Annalyn ☺
? Anna + Lyn

Annell ☺
afon ger Talyllychau, Sir Gaerfyrddin
river near Talley, Carmarthenshire

Annes ☺
ANES, ANEST , ANNEST, NEST

Annest ☺
ANEST, ANES, ANNES, NEST
merch Angharad a Gruffudd ap Cynan,
brenin Gwynedd, 12ᶠᵉᵈ ganrif
*daughter of Angharad and Gruffudd ap
Cynan, king of Gwynedd, 12ᵗʰ century*

Anni ☺
ANNIE, ANN

Annun ✛
> Antonius
Annun ap Macsen Wledig

Annwyl ☺
= *dear, beloved*

Anona ☺
NONA

Antur ✛
= *adventure*

Anwen ☺
an cryfhaol + gwen
an, *intensifying prefix* + gwen = *white or
blessed*

Anwyl ☺
ANNWYL

ap = *son of (sometimes used today also for
daughter of)*

Aran ✛
Aran Fawr, Aran Benllyn, Aran
Fawddwy: mynyddoedd yng
Ngwynedd
*Aran Fawr, Aran Benllyn, Aran Fawddwy:
mountains in Gwynedd*

Aranli ✛
? Aran + lli = *stream*

Aranrhod ☺
ARIANRHOD

Aranwen ☺
# ARIANWEN
Aran = *mountain or* arian = *silver* +
gwen = *white, blessed*

Aranwy ☺
ARAN

Arawn ✛
brenin Annwfn yn chwedlau'r
Mabinogi
*king of the Underworld in the tales of the
Mabinogion*

Arban ✛
enw nant ym Mhowys
name of a stream in Powys

Ardudfyl ☺
TUDFUL

Ardudwen ☺
Ardudwy, ardal yng Ngwynedd
Ardudwy, an area in Gwynedd

Arddun ☺
= prydferth, harddu
Arddun, gwraig Rhydderch Hael
Arddun Benasgell, merch Pabo a mam
Tysilio, 5ᵉᵈ ganrif
Dolarddun, Trefaldwyn
= *beautiful, to beautify*

Arddun, wife of Rhydderch Hael
Arddun Benasgell, daughter of Pabo and
mother of Tysilio, 5th century
Dolarddun, Montgomery

Arddur ✙
Treaddur, pentref yn Ynys Môn
Trearddur, a village in Ynys Môn

Arfon ✙
rhan o Wynedd
ar = *on* + Môn = *Anglesey*
part of Gwynedd

Arfona ✪
ARFON

Arfonia ✪
ARFON

Arfor ✙
ar = *on* + môr = *sea*

Arfryn ✙
ar = *on* + bryn = *hill*

Argoed ✙
ar = *on* + coed = *trees*

Arial ✙
= nerth, dewrder
= *vigour, strength, courage*

Ariander ✙
arian = *silver*

Ariannell ✪
arian = *silver*

Arianrhod ✙
arian + rhod
Caer Arianrhod = y Llwybr Llaethog,
duwies y lleuad, duwies yr awen,
merch Dôn, y dduwies Geltaidd, mam
Lleu Llaw Gyffes

arian = *silver* + rhod = *circle*
Caer Arianrhod = Milky way, moon
goddess, goddess of the muse, daughter of
Dôn, the Celtic goddess, mother of Lleu
Llaw Gyffes

Arianwen ✪
arian + gwen
santes gynnar, merch Brychan
Brycheiniog
arian = *silver* + gwen = *white, blessed*
early saint, daughter of Brychan
Brycheiniog

Arianwyn ✙
arian + gwyn
arian = *silver* + gwyn = *white, blessed*

Ariel ✙
ARIAL

Armon ✙
pentref Llanarmon ym Mhowys
village of St Harmon (Llanarmon), Powys

Arnall ✙
ARNALLT

Arnallt ✙
ARNALL
> Saesneg, Arnold
> *English, Arnold*

Arofan ✙
bardd Selyf ap Cynan Garwyn yn y
7fed ganrif
poet of Selyf ap Cynan Garwyn in the
7th century

Aron ✛
brawd Moses a sant Celtaidd
Aron fab Dyfnwyn, sonnir amdano yn
Englynion Beddau y 9fed a'r 10fed ganrif
brother of Moses and a Celtic saint
Aron fab Dyfnwyn, mentioned in the
Stanzas of the Graves of the 9th and 10th
century

Artro ✛
afon ym Meirionnydd
a river in Meirionnydd

Arthen ✛
ARTHIEN, ARTHGEN
duw afon
mab Brychan Brycheiniog
brenin Ceredigion yn y 9fed ganrif
a river-god
the son of Brychan Brycheiniog
the king of Ceredigion in the 9th century

Arthfael ✛
arth + mael = tywysog
Arthfael ap Eunydd, un o
ddisgynyddion Brân
Cadell ab Arthfael ac Arthfael ap Noe,
penaethiaid yng Ngwent 950*
arth = *bear* + mael = *prince*
Arthfael ap Eunydd, one of Brân's
descendants
Cadell ab Arthfael and Arthfael ap Noe,
rulers in Gwent 950*

Arthfel ✛
ARTHFAEL

Arthgen ✛
? arth + geni
? arth = *bear* + geni = *to be born*

Arthien ✛
ARTHEN

Arthmael ✛
ARTHFAEL

Arthog ✛
pentref ym Meirionnydd
? arth = *bear*
a village in Meirionnydd

Arthur ✛
> Celteg, artos = arth, > Lladin,
Artorius
Arthur ab Uthr Bendragon, arweinydd
milwrol y 6ed ganrif yn erbyn yr Eingl-
Sacsoniaid. Arwr chwedlau rhamant ac
antur yn Ewrop
> *Celtic,* artos = *bear,* > *Latin, Artorius*
Arthur ab Uthr Bendragon, 6th century
military leader against the Anglo-Saxons.
Hero of adventure and romance tales in
Europe

Arwel ✛
= amlwg
= *prominent*

Arwen ✪
ar cryfhaol + gwen
ar, *intensifying prefix* + gwen = *white,*
blessed

Arwenna ✪
ARWEN

Arwyn ✛
ar, *intensifying prefix* + gwyn = *white,*
blessed

Asaff ✛
sant a sefydlodd esgobaeth Llanelwy,
Sir Ddinbych
a saint who founded the see of St Asaph,
Denbighshire

Aur ✪
aur = *gold*

Aurddolen ✪
aur = *gold* + dolen = *link, circle*

Aures ☺
\# Aeres, Aur
aeres = *heiress*

Aurfryn ✛
\# Eurfryn
aur = *gold* + bryn = *hill*

Aurlys ☺
aur = *gold* + llys+ *plant*

Aurona ☺
\# Aerona
aur = *gold*, aeron = *berries*, aer = *battle*

Auryn ✛
\# Euryn
aur = *gold*

Awel ☺
\# Awela
awel = *breeze*

Awela ☺
\# Awel

Awen ☺
\# Awena
awen = *muse, inspiration*

Awena ☺
\# Awen

Awsten ✛
\# Awstin

Awstin ✛
> Lladin, Augustus = hybarch
Sant Awstin oedd archesgob cyntaf
Caer Gaint, 6ed ganrif
> *Latin, Augustus = venerable*
St Augustine was the the first archbishop of
Canterbury, 6th century

B

Baeddan ✛
\# Baedan
=? baedd bach
enw person a ddaeth yn enw nant ym
Mrycheiniog a Gwent
=? *small boar*
person's name that became the name of a
stream in Breconshire and Gwent

Baglan
= ffon fagl (? ffon esgob)
Baglan ab Ithel Hael
sant cynnar
enw lle yng Ngorllewin Morgannwg
= *crutch (? bishop's staff)*
Baglan ab Ithel Hael
early saint
a place-name in West Glamorgan

Baldwyn ✛
> Hen Almaeneg, Baldavin, *balda* = hyf
+ *vini* = cyfaill
> *Old German, Baldavin,* balda = *bold* +
vini = *friend*

Banadl ✛ ☺
brenin cynnar Powys
= *broom flowers*
an early king of Powys

Banwen ☺
pentref yng Nghwm Nedd
ban = *peak or* banw = *piglet* + gwen =
white, blessed
a village in the Neath Valley

Barach ✣
nant yn Sir Gaerfyrddin
a stream in Carmarthenshire

Barlwyd ✣
nant ger Blaenau Ffestiniog
a stream near Blaenau Ffestiniog

Barri ✣
BARRUC, BARRWG
> Gwyddeleg, Bearrach = gwayw
Ynys y Barri
> *Irish, Bearrach = spear*
Ynys y Barri = Barry Island

Barruc ✣
BARRWG
sant a gladdwyd ar Ynys Barren
(Ynys y Barri)
a saint buried on Ynys Barren
(Barry Island)

Barrwg ✣
BARRUC

Barti ✣
BARTHOLOMEW
Barti Ddu (Bartholomew Roberts),
–1722, môr-leidr enwog o Sir Benfro
Barti Ddu (Bartholomew Roberts), –1722,
a famous pirate from Pembrokeshire

Bartholomew ✣
>Hebraeg = mab Talmai
>*Hebrew = son of Talmai*

Barwyn ✣
bar = copa, twyn + gwyn
bar = hill, mound + gwyn = white,
blessed

Beca ☼
REBECA, REBECCA
Merched Beca chwalodd dollbyrth yn
ne-orllewin Cymru 1835*

Merched Beca *(the Daughters of Rebecca)*
destroyed tollgates in south-west Wales
1835

Bechan ☼
BETHAN
un o ferched Brychan Brycheiniog
= *small*
one of the daughters of Brychan Brycheiniog

Bedaws ✣
# BEDO, amrywiad ar MAREDUDD
bedw = *birch*
# *BEDO, variation of MAREDUDD*

Bedo ✣ ☼
MAREDUDD
beirdd:
Bedo Brwynllys, 1460*
Bedo Phylip Bach, 1500*
Bedo Aeddren, 1500*
Bedo Hafesb, 1568*
the above were poets

Bedwen ☼
bedwen = *birch*

Bedwyn ✣
bedw = *birch* + gwyn = *white*

Bedwyr ✣
gyda Cai, cydymaith cynharaf y
Brenin Arthur. Taflodd y cledd
Caledfwlch i'r llyn
with Cai, the earliest companion of
King Arthur. He threw the sword
Excalibur to the lake. English = Bedivere

Bedyn ✣ ☼
BEDO, MAREDUDD

Began ☼
MARGED

25

Begw ☺
MEGAN, MARGED, ANN
un o gymeriadau Te yn y Grug, Kate
Roberts
one of the characters in Tea in the Heather,
Kate Roberts

Beinon ✛
> AB EINON, AB EINION
= *the son of Einon. Anglicized as Beynon*

Beli ✛
> Celteg, *belos* = disglair
Beli Mawr oedd brenin y Brythoniaid
adeg Iŵl Cesar. Roedd tras prif frenhinlin
Cymru yn cael ei holrhain iddo
Belenos, duw haul a addolid gan y
Celtiaid
> *Celtic,* belos = *bright*
Beli Mawr was the king of the Britons at
the time of Julius Caesar. Wales's main
dynasty is descended from him
Belenos, the sun god worshipped by the
Celts

Belinda ☺
> Hen Almaeneg, Betlindis, *lindi* =
neidr
> *Old German, Betlindis,* lindi = *snake*

Belis ✛
= AB ELIS
= *the son of Elis*

Belyn ✛
arweinydd milwrol o'r 7fed ganrif
cyfenwau Bellin a Belling yn tarddu
ohono
military leader of the 7th century
surnames Bellin and Belling are derived
from it

Ben ✛
BENDIGEIDFRAN
pen, neu > Lladin, *benedictus* =

bendigaid
A fo ben, bid bont
Ben Bowen, 1878–1903, bardd o'r
Rhondda
pen = *head, or* > *Latin,* benedictus =
blessed
A fo ben, bid bont, *a proverb from the*
Mabinogion = he who wants to lead must
be a bridge
Ben Bowen, 1878–1903, *poet from the*
Rhondda

Bendigeidfran ✛
BEN, BRÂN
brenin yn chwedlau'r Mabinogi
a king in the tales of the Mabinogion

Benlli ✛
rheolwr Powys
ruler of Powys

Berddig ✛
bardd y brenin Gruffudd ap Llywelyn,
11eg ganrif
poet of king Gruffudd ap Llywelyn,
11th century

Bere ✛
castell a godwyd gan y Cymry ar ffin
ddeheuol Gwynedd, 13eg ganrif
a castle built by the Welsh on the southern
boundary of Gwynedd, 13th century

Bergam ✛
bardd 14eg* ganrif
a poet 14th century*

Berian ✛
Brynberian, pentref ger Crymych
Brynberian, a village near Crymych

Bernant ✛
? pêr = *sweet* + nant = *stream*

Berth ☸
berth = *beautiful*

Berthen ✝ ☸
BERTH

Berw ✝
bar = copa
bar = *peak*

Berwen ☸
ffurf fenywaidd ar Berwyn
feminine form of Berwyn

Berwyn ✝
bar = copa + gwyn
sant cynnar, mab Brychan Brycheiniog
cadwyn o fryniau ym Meirionnydd a
Sir Ddinbych
bar = *peak* + gwyn = *white, blessed*
an early Welsh saint, son of
Brychan Brycheiniog
a range of hills in Meirionnydd and
Denbighshire

Beryl ☸
> Groeg = enw carreg werthfawr
> *Greek = name of precious stone*

Bes ☸
BET

Bet ☸
BETI, ELSBETH, ELISABETH, BETHAN

Beti ☸
BET, ELSBETH, ELISABETH, BETHAN

Betrys ☸
> Lladin = dygwr llawenydd, Saesneg
= Beatrice
> *Latin = bringer of joy, English form*
= *Beatrice*

Betsan ☸
ffurf anwes ar ELISABETH
affectionate form of ELISABETH

Betsi ☸
BET

Bethan ☸
BECHAN, ELISABETH, ELSBETH
ffurf anwes ar ELISABETH
affectionate form of ELISABETH

Beuno ✝
sant, –642, mae sawl eglwys iddo yng
ngogledd Cymru. Dydd gŵyl 21 Ebrill
saint, –642, with many churches in north
Wales. Celebrated 21 April

Bifan ✝
AB IFAN
the son of Ifan. English form = Bevan

Bilo ✝
ffurf anwes ar WILIAM, GWILYM
affectionate form of WILIAM, GWILYM

Bladud ✝
BLEIDDUDD
mab Rhun a ddaeth yn frenin gogledd
Prydain a thad Llŷr
the son of Rhun who became king of north
Britain and father of Llŷr

Blaen ✝
milwr a frwydrodd yng Nghatraeth
(gw. Aneirin)
a warrior who fought at Catraeth
(v. Aneirin)

Bledig ✝
BLEDUC
esgob Tyddewi, 10fed ganrif
blaidd = *wolf* + ig (*adjectival ending*)
a bishop of St David's, 10th century

Barry John

Bryn Terfel

Bendigeidfran

Bedwyr

Bledri ✢
blaidd + rhi = rheolwr
Bledri ap Cydifor, –1120, y dywedir
iddo gyflwyno'r chwedlau Cymraeg
i'r Normaniaid
Bledri, –1022, esgob Llandaf
blaidd = wolf + rhi = ruler
Bledri ap Cydifor, –1120, who translated
the Welsh tales to Norman French
Bledri, –1022, bishop of Llandaf

Bledrws ✢
Betws Bledrws, pentref yng
Ngheredigion
Betws Bledrws, a hamlet in Ceredigion

Bleduc ✢
BLEDIG

Bleddyn ✢
BLEIDDYN
daeth gyda Garmon i Gymru yn y
5ed ganrif
Bleddyn ap Cynfyn, brenin Gwynedd
a Phowys, –1075
Bleddyn Fardd, bardd o'r 13eg ganrif
blaidd = wolf
came to Wales with Garmon in the
5th century
Bleddyn ap Cynfyn, king of Gwynedd and
Powys, –1075
Bleddyn Fardd, 13th century poet

Blegwryd ✢
BLEGYWRYD
enw barddol Joseph Tudor Hughes,
telynor, 1827–41
bardic name of Joseph Tudor Hughes,
harpist, 1827–41

Blegywryd ✢
BLEGWRYD
fl. 945*, roedd rhan ganddo yng
nghyngor cyfraith Hywel Dda,
10fed ganrif

fl. 945, took part in Hywel Dda's law*
council, 10th century

Bleiddan ✢
# BLEIDDIAN
blaidd = *wolf*

Bleiddfan ✢
blaidd = *wolf*

Bleiddig ✢
blaidd = *wolf*

Bleiddud ✢
BLEIDDUDD

Bleiddudd ✢
blaidd + udd = rheolwr
tad Llŷr
esgob Tyddewi, 12fed ganrif
blaidd = *wolf* + udd = *ruler*
father of Llŷr
bishop of St David's, 12th century

Bleiddyn ✢
BLEDDYN

Blodeuedd ✿
BLODEUWEDD

Blodeuwedd ✿
blodau + gwedd
crëwyd hi gan Gwydion a Math yn
wraig i Lleu Llaw Gyffes o flodau'r
banadl, y deri a'r erwain, yn ôl chwedl
y Mabinogi, neu ferch Math ac
Arianrhod
blodau = *flowers* + gwedd =
countenance
she was created by Gwydion and Math as
wife to Lleu Llaw Gyffes from the flowers of
broom, oak and meadowsweet, according to
the Mabinogion tale, or the daughter of
Math and Arianrhod

Blodwen ✪
blodyn + gwen
teitl opera gan Joseph Parry, 19^{fed} ganrif
blodyn = *flower* + gwen = *white or blessed*
title of opera by Joseph Parry, 19th century

Blodyn ✪
blodyn = *flower*

Blwchfardd ✛
bardd o ogledd Prydain, 6^{ed} ganrif
poet from the north of Britain, 6th century

Bobi ✛
ffurf anwes ar ROBERT
affectionate form of ROBERT

Bodfael ✛
bod = *being* + mael = *prince*

Bodfan ✛
sant Abergwyngregyn yng Ngwynedd
the saint of Abergwyngregyn in Gwynedd

Bodfel ✛
BODFAEL

Bonfyl ✛

Bodgad ✛
milwr a glodforir gan Aneirin
a warrior praised by Aneirin

Bonner ✛
> AB YNYR
= *the son of* YNYR

Boreugwyn ✛
bore = *morning* + gwyn = *fair*

Bowen ✛
> AB OWEN
= *the son of* OWEN

Bradach ✛
nant yng Ngwent
Llanbradach
a stream in Gwent

Bradwen ✛
Bradwen fab Moren, un o ddilynwyr Arthur yn chwedl Culhwch ac Olwen
Bradwen fab Moren, one of Arthur's followers in the tale Culhwch ac Olwen

Brangien ✪
BRENGAIN

Brain ✛ ✪
BRAINT

Braint ✛ ✪
= yr un (d)dyrchafol
> Briganti, duwies Geltaidd
= *honour, privilege*
> *Briganti = the exalted one, a Celtic goddess*

Brân ✛
BENDIGEIDFRAN
mab Llŷr yn y Mabinogi, mab Dyfnwal Beli a brawd Beli yn ôl traddodiad, brenin Prydain, duw Celtaidd
= *crow*
son of Llŷr in the Mabinogion, son of Dyfnwal Beli and brother of Beli according to tradition, king of Britain, a Celtic god

Brangwyn ✛
Syr Frank Brangwyn, artist, 20^{fed} ganrif
brân = *crow,* or bryn = *hill* + gwyn = *white*
Sir Frank Brangwyn, artist, 20th century

Branwaladr ✛
Brân + gwaladr = *prince*

Branwen ⊙
BRONWEN
chwaer Bendigeidfran yn y Mabinogi,
priododd â Matholwch, brenin Iwerddon
? brân = *crow, or = metal bar, or* bron =
breast + gwen = *white, blessed*
sister of Bendigeidfran in the Mabinogion,
married Matholwch king of Ireland

Brengain ⊙
llawforwyn Esyllt yn y chwedl
ganoloesol Trystan ac Esyllt
maid of Esyllt in the tale of the middle ages
Trystan ac Esyllt (Tristan and Isolde)

Brengwain ⊙
BRENGAIN

Brenda ⊙
> sant o Iwerddon, Brendan, neu
> Norwyeg, Brand
> *Irish saint, Brendan, or* > *Norse, Brand*

Brennig ⊙
? ffurf anwes ar BRÂN
nant a llyn yn Nyfed, nant yng
Nghlwyd
? *diminutive of* BRÂN
stream and lake in Dyfed, stream in Clwyd

Brethonig ⊙
# BRYTHONIG
brython = *briton* + ig, *adjectival ending*

Breuan ✛
BRIAN

Briafael ✛
BRIOG, TYFRIOG
sant cynnar
? bri = *fame* + gafael = *grasp*
an early saint

Briall ⊙
BRIALLEN

Briallen ⊙
= *primrose*

Brian ✛
> Brythoneg, bre = bryn + an (anwes)
enw o'r 9[fed] ganrif yn Llydaw
> *Brythonic,* bre = *hill* + an *(endearment)*
9th *century name in Brittany*

Brianne ⊙
Llyn Brianne, cronfa ddŵr yn Sir
Gaerfyrddin. Camsillafiad o 'bryniau'
Llyn Brianne is a reservoir in
Carmarthenshire. Mis-spelling of bryniau
= *hills*

Brid ⊙
FFRAID
santes Wyddelig Brigid
Saint-y-brid, Morgannwg
Irish Saint Brigid
Saint-y-brid = *St Bride's Major,*
Glamorgan

Brieg ✛
> Llydaweg, Briog, > Ffrangeg, Brieuc
> *Breton, Briog,* > *French, Brieuc*

Brillwen ⊙
# EBRILLWEN
Ebrill = *April* + gwen = *white, blessed*

Brinli ✛
BRINLEY

Briog ✛
#TYFRIOG
ffurf ar Briafael, sant o Geredigion,
6[ed] ganrif, dydd gŵyl 1 Mai
Llandyfriog, Ceredigion
form of Briafael, saint from Ceredigion,
6th *century, celebrated 1 May*

Briwnant ✛
briw = *cut* + nant = *stream*

Brochan ✛
BRYCHAN
nant ger Llangurig, Powys
stream near Llangurig, Powys

Brochfael ✛
BROCHWEL
brenin y sonnir amdano gan y bardd
Taliesin
a king mentioned by the poet Taliesin

Brochwel ✛
BROCHFAEL
Brochwel ap Cunedda Wledig
Brochwel Ysgithrog, fl. 550, tywysog,
mab Cyngen a thad Cynan Garwyn a'r
sant Tysilio, o Bowys
Brochwel Ysgithrog, fl. 550, prince, son of
Cyngen and father of Cynan Garwyn and
the saint Tysilio, from Powys

Bron ☉
bron = *breast*

Brongwyn ✛
BRONWEN

Bronmai ☉
bron = *breast or hill* + Mai = *May or* mai
= *meadow*

Bronwen ☉
# BRANWEN
bron = *breast* + gwen = *white*

Brothen ✛
sant cynnar
Llanfrothen, Meirionnydd
early saint

Brutus ✛
un o sylfaenwyr Prydain yn ôl
traddodiad
enw barddol David Owen, llenor,
1795–1866
name of founder of Britain, according to
tradition
bardic name of David Owen, author,
1795–1866

Brwyn ✛
BRWYNO, BRWYNOG
Brwyn ap Llywarch Hen
o chwedl gynnar
from an early tale

Brwyno ✛
nentydd yng Ngheredigion wedi'u
henwi ar ôl person
Cwm Brwyno, Ceredigion
Brwyno Hir, sonnir amdano yn
Englynion Beddau y 9^{fed} a'r 10^{fed} ganrif
brwyn = *reeds or sorrowful*
streams in Ceredigion named after a person
Cwm Brwyno, Ceredigion
Brwyno Hir, named in Stanzas of the
Graves of the 9th and 10th century

Brwynog ✛
BRWYN, BRWYNO

Bryan ✛
BRIAN, BRYCHAN

Brychan ✛
Brychan Brycheiniog, mab Anlach a
Marchell ferch Tewdrig. Tywysog o'r 5^{ed}
ganrif a roes ei enw i Frycheiniog. Yn ôl
traddodiad bu ganddo 10 mab a 24
merch, y rhan fwyaf yn saint, dydd
gŵyl 6 Ebrill. Prawst oedd ei wraig
= *freckled*
Brychan Brycheiniog, son of Anlach and
Marchell ferch Tewdrig. 5th century prince
who gave his name to Brycheiniog (Brecon).

According to tradition he had 10 sons and 24 daughters, most of whom became saints, celebrated 6 April. Prawst was his wife

Bryfdir ✛
lle ger Dolgellau
a place near Dolgellau

Bryn ✛
= *hill*

Bryna ✿
BRYN

Brynach ✛
sant o'r 5^{ed}/6^{ed} ganrif, a ddaeth i ogledd Penfro o Iwerddon, dydd gŵyl 7 Ebrill
saint of 5th/6th century who came to north Pembroke from Ireland, celebrated 7 April

Bryncir ✛
pentref yng Ngwynedd
a village in Gwynedd

Bryngwyn ✛
bryn = *hill* + gwyn = *white*

Bryniog ✛
= *hilly*

Brynlyn ✛
BRYNLLYN

Brynllyn ✛
bryn = *hill* + llyn = *lake*

Brynmawr ✛
BRYNMOR

Brynmor ✛
bryn = *hill* + mawr = *big or* môr = *sea*

Brynner ✛

Brython ✛
= *Briton (the old Welsh)*

Brythoneg ✿
BRYTHON

Brythonig ✿
Brython = *Briton* + ig, *adjectival ending*

Brythonwen ✿
Brython = *Briton* + gwen = *white, blessed*

Buddfael ✛
budd = *victory* + mael = *prince*

Buddfan ✛
milwr a ganmolir gan Aneirin
? budd = *victory, profit* + ban = *summit*
a warrior praised by Aneirin

Buddug ✿
brenhines yr Iceni, llwyth a ymladdodd â'r Rhufeiniaid yn y ganrif 1^{af} OC. Cymerodd wenwyn yn lle syrthio i ddwylo'r Rhufeiniaid
buddugoliaeth = *victory*
the queen of the Iceni, a British tribe who fought the Romans in the 1st century AD. She took poison rather than fall to the hands of the Romans. Other forms: Boadicea, Boudicca and Victoria

Bun ✿
Bun gwraig Fflamddwyn
= *maiden*
Bun wife of Fflamddwyn

Burwyn ✛
pur = *pure* + gwyn = *white, blessed*

Byrnach ✛
BRYNACH

C

Cadan ✛
nant yn Nyfed
cad = *battle*
a stream in Dyfed

Cadel ✛
CADELL

Cadell ✛
Cadell ab Urien Rheged
Cadell ap Rhodri Mawr, –907, rheolwr
Ceredigion ac Ystrad Tywi, tad Hywel
Dda
Cadell ap Gruffudd, –1175, arweinydd
yn erbyn y Normaniaid yn ne Cymru
cad = *battle*
Cadell ap Rhodri Mawr, –907, ruler of
Ceredigion and Ystrad Tywi, father of
Hywel Dda (the Good)
Cadell ap Gruffudd, –1175, leader against
the Normans in south Wales

Cadeyrn ✛
cad = *battle* + teyrn = *ruler*

Cadfael ✛
CADOG, CATHMAEL
brenin Gwynedd rhwng Cadwallon a
Cadwaladr
sant cynnar
cad = *battle* + mael = *prince*
king of Gwynedd between Cadwallon and
Cadwaladr
an early saint

Cadfan ✛
= doeth mewn brwydr
sant o'r 6ed ganrif a sefydlodd
gymdeithas ar Ynys Enlli
tywysog, fl. 620, rheolwr Gwynedd, –625
Llangadfan, Powys
= *wise in battle*
a 6th century saint who founded a
monastery on Bardsey Island in the
6th century
a prince fl. 620, ruler of Gwynedd, –625
Llangadfan, Powys

Cadfarch ✛
Sant Cadfarch ap Caradog Freichfras,
ŵyr Llŷr
cad = *battle* + march = *horse*
Saint Cadfarch ap Caradog Freichfras,
grandson of Llŷr

Cadfrawd ✛
sant cynnar
cad = *battle* + brawd = *brother*
an early saint

Cadhaearn ✛
cad = *battle* + haearn = *iron*

Cadi ⊙
CATRIN, CATI
ffurf anwes ar CATRIN
affectionate form of CATRIN

Cadifor ✛
CEDIFOR
Cadifor ap Collwyn, abad Llancarfan
yn y 9fed ganrif
Cadifor ap Collwyn, abbot of Llancarfan in
the 9th century

Cadlew ✛
CADLYW
un o'r pedwar a ddychwelodd o frwydr
Catraeth
cad = *battle* + llew = *lion or* llyw =
leader
one of the four who returned from the battle
of Catraeth

Cadlyw ✛
# CADLEW
cad = *battle* + llyw = *leader*
un o'r pedwar a ddychwelodd o frwydr
Catraeth
one of the four who returned from the battle
of Catraeth

Cadmael ✛
# CADFAEL
cad = *battle* + mael = *prince*

Cadmar ✛
CADMAWR

Cadmawr ✛
cad = *battle* + mawr = *great*

Cadnant ✛
enw sawl afon yng ngogledd Cymru
cad = *battle* + nant = *stream*
the name of a number of rivers in north
Wales

Cado ✛
CADOG, CADFAEL, CATWG

Cadog ✛
CADFAEL
sant, fl. 450, Cadog Ddoeth ap
Gwynllyw, tywysog de Gwent, a mab
Gwladys, merch Brychan. Sefydlodd
fynachlog Llancarfan, ac eglwysi yn ne-
ddwyrain Cymru, Cernyw a Llydaw.
Llangadog, Sir Gaerfyrddin
cad = *battle*
saint fl. 450, Cadog Ddoeth (the wise) ap
Gwynllyw, prince of south Gwent, and son of
Gwladys, daughter of Brychan. Established a
monastery at Llancarfan, and churches in
south-east Wales, Cornwall and Brittany.
Llangadog, Carmarthenshire

Cadogan ✛
CADWGAN

Cador ✛
iarll Cernyw yn chwedlau Arthur
the earl of Cornwall in the Arthurian tales

Cadraith ✛
un o'r pedwar a ddychwelodd o frwydr
Catraeth
cad = *battle* + rhaith = *devastation*
one of the four who returned from the battle
of Catraeth

Cadrawd ✛
CADROD
enw barddol Thomas Evans,
Llangynwyd, hynafiaethydd a gof,
1846–1918
cad = *battle* + rhawd = *host or course*
bardic name of Thomas Evans, Llangynwyd,
antiquarian and blacksmith, 1846–1918

Cadrod ✛
CADRAWD
Cadrod ab Ieuaf

Cadwal ✛
CADWALADR
Cadwal o Ros, bu farw ym Mrwydr
Caer, 617
Cadwal Cydweli ap Glywys
cad = *battle* + gwal = *leader*
Cadwal o Ros, died in the Battle of Chester,
617

Cadwaladr ✛
> Hen Gymraeg, Catgualart
–664, brenin Gwynedd, mab
Cadwallon ap Cadfan
Cadwaladr ap Gruffudd, –1172,
tywysog o Geredigion
> Old Welsh, Catgualart
cad = *battle* + gwaladr = *leader*
–664, king of Gwynedd, son of
Cadwallon ap Cadfan
Cadwaladr ap Gruffudd, –1172, prince of
Ceredigion

Cadwallon ✛
> Hen Gymraeg, Catgollaun
–633, brenin Gwynedd, y mwyaf o'r
arweinwyr gwleidyddol ers
Maelgwn Gwynedd. Curodd Edwin o
Northumbria
tad Cadfael a Cadwaladr
Cadwallon ab Owain Gwynedd
> *Old Welsh, Catgollaun*
cad = batttle + gwallon = ruler, scatterer
–633, king of Gwynedd, the greatest
political leader since Maelgwn Gwynedd.
Defeated Edwin of Northumbria. father of
Cadfael and Cadwaladr

Cadwel ✛
CADFAEL

Cadwgan ✛
CADWGON
Cadwgan ab Owain, –948, pennaeth yn
ne Cymru
esgob Bangor yn ystod teyrnasiad
Llywelyn Fawr, –1241
tywysog, –1111
Moel Cadwgan, mynydd yng Nghwm
Rhondda
Cadwgan ab Owain, –948, ruler in south
Wales
bishop of Bangor during the reign of
Llywelyn Fawr (the Great), –1241
prince, –1111
Moel Cadwgan, mountain in Rhondda
Valley

Cadwgon ✛
CADWGAN
Cadwgon ap Llywarch, un o
ddisgynyddion Rhodri Mawr
Cadwgon ap Llywarch, one of the
descendants of Rhodri Mawr

Cadwy ✛
mab Geraint mewn chwedl Arthuraidd
son of Geraint in the Arthurian legend

Caeo ✛
pentref yn Sir Gaerfyrddin
a village in Carmarthenshire

Caeron ✛
nant ger Pen-y-groes, Gwynedd
a stream near Pen-y-groes, Gwynedd

Caerwyn ✛
caer = fort + gwyn = white

Caffo ✛
disgybl i Cybi, 6ᵉᵈ ganrif
Llangaffo, Ynys Môn
a disciple of St Cybi in the 6ᵗʰ century
Llangaffo, Ynys Môn

Cai ✛
CAW
> Lladin, Caius
gyda Bedwyr, prif filwr llys Arthur
> *Latin, Caius*
with Bedwyr, chief soldier of Arthur's court

Caian ✛
mab Brychan
a son of Brychan

Cain ✿ ✛
CEINWEN
santes 5ᵉᵈ–6ᵉᵈ ganrif, un o ferched
Brychan Brycheiniog
Cain ap Llywarch Hen
Llangain, Sir Gaerfyrddin
= *fair, beautiful*
saint of 5ᵗʰ–6ᵗʰ century, one of the daughters
of Brychan Brycheiniog
Llangain, Carmarthenshire

Cainwen ✿
CEINWEN

Caio ✛
CAEO

Calan ☉
= *first day*

Caleb ✛
> Hebraeg = dewr, beiddgar
Caleb Morris, 1800–65, gweinidog o
Sir Benfro
> *Hebrew = brave, impetuous*
Caleb Morris, 1800–65, minister from
Pembrokeshire

Caledfryn ✛
enw barddol William Williams, 1801–69,
o Glwyd
caled = *hard* + bryn = *hill*
the bardic name of William Williams,
1801–69, of Clwyd

Callwen ☉
CELLAN
merch Brychan. Cysylltiedig ag eglwys
Cellan, Ceredigion
daughter of Brychan. Associated with the
church at Cellan, Ceredigion

Cam ✛
= *crooked*

Camarch ✛
Llangamarch, Powys

Camber ✛
un o dri mab Brutus, a roes ei enw i
Gymru, yn ôl Sieffre o Fynwy
one of the three sons of Brutus, who gave
his name to Wales, according to Geoffrey of
Monmouth

Camwy ✛
dyffryn ym Mhatagonia
a valley in Patagonia

Canthrig ☉
cawres, Gwynedd
giantess, Gwynedd

Caradog ✛
mab Brân
arweinydd y Brythoniaid yn erbyn y
Rhufeiniaid, y ganrif 1af. Mab Cynfelyn.
Rhyddhawyd ef gan y Rhufeiniaid
oherwydd ei ddewrder. Cyfateb i
CARATACUS
Caradog o Lancarfan, fl. 1135, llenor
Caradog Prichard, 1904–80, llenor
câr = *love*
son of Brân
leader of the Britons against the Romans,
1st century. Son of Cynfelyn. Freed by the
Romans because of his bravery. Equivalent
of CARATACUS
Caradog of Llancarfan, fl. 1135, writer
Caradog Prichard, 1904–80, writer

Carannog ✛
CRANNOG
mab Ceredig, ewythr i Dewi Sant
sant o'r 6ed ganrif, cysylltir â
Llangrannog, tad-cu Dewi, dydd gŵyl
16 Mai
son of Ceredig, uncle of St David
6th century saint associated with
Llangrannog, Ceredigion, grandfather of
St David, celebrated 16 May

Carawn ✛
un o hen frenhinoedd Prydain
one of the ancient kings of Britain

Caredig ✛
CEREDIG
Ceredigion
caredig = *kind*

Caren ☉
cyfateb i Karen
equivalent of Karen

Cares ☉
câr = *love*

Cari ✪
Cariad, Ceridwen

Cariad ✪
= *love*

Carinwen ✪
> câr = *love* + gwen = *white, blessed*

Carlo ✢
> Hen Almaeneg, carl = dyn. Cyfateb i Charles
> *Old German,* carl = *man. Equivalent of Charles*

Carmel ✢
> Hebraeg = yr ardd
pentref yn Sir Gaerfyrddin ac Arfon
> *Hebrew* = *the garden*
a village in Carmarthenshire and Arfon

Carn ✢
carn = *stone, rock*

Caron ✢
sant a fagwyd yn Iwerddon. Eglwysi yn Nhregaron a Llangaron, Henffordd
saint brought up in Ireland. Churches in Tregaron and Llangaron, Hereford

Caronwen ✪
Caron
Caron + gwen = *white, blessed*

Caronwy ✪
Caron

Caronwyn ✢
Caron
Caron + gwyn = *white, blessed*

Carrog ✢ ✪
enw ar sawl afon
? carreg = *stone*
the name of many rivers

Carwen ✪
câr = *love* + gwen = *white, blessed*

Carwenna ✪
Carwen

Carwyn ✢
câr = *love* + gwen = *white, blessed*

Caryl ✪
caru = *to love*

Carys ✪
caru = *to love*
?> Groeg, *charis* = gras
?> *Greek,* charis = *grace*

Casnar ✢
milwr cynnar
an early warrior

Casnodyn ✢
fl. 1320–40, bardd o Gilfái, Abertawe. Canmolodd uchelwyr 'di-Saesneg'
fl. 1320–40, poet from Kilvey, Swansea. He praised non-English-speaking noblemen

Caswallon ✢
pennaeth a ymladdodd yn erbyn Cesar ar ei ail ymweliad ag Ynys Prydain. Mab Beli. Cyfateb i Cassivellaunus
chief who fought against Caesar on his second visit to the Isle of Britain. Son of Beli. Equivalent of Cassivellaunus

Cati ✪
Catrin, Cadi
ffurf anwes ar Catrin
affectionate form of Catrin

Catrin ✪
> Groeg, yna Lladin = pur
Catrin o'r Berain, 1534/5–91, 'mam Cymru' o Fôn. Bu'n briod bedair gwaith

Catrin ferch Gruffudd ap Hywel,
fl. 1555, bardd
> *Greek, then Latin = pure*
Catrin o'r Berain, 1534/5–91, 'mother of
Wales' from Ynys Môn. She married four
times
Catrin ferch Gruffudd ap Hywel, fl. 1555,
poet

Catwg ✛
Cadog
Llangatwg, Morgannwg
Llangatwg, Glamorgan

Catws ✪
Catrin, Cati, Cadi
ffurf anwes ar Catrin
affectionate form of Catrin

Cathan ✛
Cathen

Cathen ✛
Cathen ap Cawrdaf, sant cynnar
Cathen ap Cawrdaf, early saint

Cathmael ✛
Cadfael

Caw ✛
Cai
arglwydd Cwm Cawlwyd
lord of Cwm Cawlwyd

Cawrdaf ✛
Cawrdaf ap Caradog Freichfras,
5ed ganrif
enw barddol William Ellis Jones,
1795–1848
cawr = *giant*
Cawrdaf ap Caradog Freichfras (strong
armed), 5th century
the bardic name of William Ellis Jones,
1795–1848

Cedewain ✛
Betws Cedewain, Powys

Cedi ✛
nant ym Mhowys
a stream in Powys

Cedifor ✛
Cadifor
–1225, abad Ystrad Fflur
Peryf ap Cedifor, bardd o'r 12fed ganrif
–1225, abbot of Strata Florida
Peryf ap Cedifor, 12th century poet

Cedol ✛
sant cynnar, cysylltiedig â Phentir ger
Bangor
early saint, associated with Pentir near
Bangor

Cedrych ✛
Ceidrych

Cedryn ✛

Cedwyn ✛
Cedwyn ap Gwgon, sant cynnar
Llangedwyn, Clwyd
Cedwyn ap Gwgon, an early saint

Cefin ✛
Cefyn

Cefni ✛
enw barddol Hugh Parry, 1826–95
Llangefni, Ynys Môn
cefn = *back, ridge*
bardic name of Hugh Parry, 1826–95
Llangefni, Ynys Môn

Cefyn ✛
> Gwyddeleg = geni da
enw sant o Iwerddon
> *Irish = comely birth*
Irish saint's name

Cei ✣
Cai

Ceian ✣
arwr chwedlonol a grewyd gan
Iolo Morganwg
a fictitious hero created by Iolo Morganwg

Ceidio ✣ ✿
Ceidiog
sant cynnar
un o filwyr y Gododdin
afon yng Ngwynedd
early saint
one of the Gododdin warriors
a river name in Gwynedd

Ceidiog ✣ ✿
Ceidio

Ceidrych ✣
>? Caradog
Ceidrych ap Deigr
Keidrych Rhys, awdur, 1915–87
afon yn Sir Gaerfyrddin
Keidrych Rhys, author, 1915–87
a river in Carmarthenshire

Ceindeg ✿
merch Llywarch Hen
cain = *beautiful* + teg = *fair*
daughter of Llywarch Hen

Ceindrych ✿
Ceindrech
merch Brychan Brycheiniog, 5ed ganrif
cain = *beautiful* + drych = *appearance*
daughter of Brychan, 5th century

Ceinfron ✿
merch Llywarch Hen
cain = *fair* + bron = *breast*
daughter of Llywarch Hen

Ceinfryd ✿
gwraig Gruffudd ap Llywelyn
cain = *fair* + bryd = *countenance*
wife of Gruffudd ap Llywelyn

Ceinfryn ✿ ✣
cain = *beautiful* + bryn = *hill*

Ceinlys ✿
cain = *beautiful* + ? melys = *sweet* or llys
= *plant*

Ceinor ✿
Geinor

Ceinwen ✿
santes, merch i Brychan, 5ed ganrif
Llangeinwen, Ynys Môn
cain = *beautiful* + gwen = *white, blessed*
saint, daughter of Brychan, 5th century

Ceiriad ✿
caru = *to love*

Ceiridwen ✿
Ceridwen

Ceiriog ✣
afon a dyffryn yng Nglyn Ceiriog,
Clwyd
enw barddol John Ceiriog Hughes,
1832–87, y telynegwr
a river and valley in Glyn Ceiriog, Clwyd
bardic name of John Ceiriog Hughes,
1832–87, lyric poet

Ceirion ✿
Llanddewi Rhos Ceirion, Swydd
Henffordd
Llanddewi Rhos Ceirion (Much
Dewchurch), Herefordshire

Ceirios ✿
= *cherries*

Ceiro ✛
nant yng Ngheredigion
a stream in Ceredigion

Ceitho ✛
sant cynnar a gysylltir â Llangeitho,
Ceredigion a Phumsaint,
Sir Gaerfyrddin
*an early saint associated with Llangeitho,
Ceredigion and Pumsaint, Carmarthenshire*

Celert ✛
GELERT
sant cynnar
Beddgelert, Gwynedd
an early saint

Celt ✛
celt = *celt*

Celyddon ✛
> CALEDONIA

Celyn ✛ ⊙
Celyn ap Caw
Capel Celyn, pentref a foddwyd ym
Meirionnydd
= *holly*
*Capel Celyn, a village drowned in
Meirionnydd*

Celynnen ⊙
# CELYNIN, CELYNOG
celynnen = *holly tree*

Celynnin ⊙
CELYNNEN
un o bump o saint a gysylltir â
Llanpumsaint a Phumsaint, Ceredigion
*one of the five saints associated with
Llanpumsaint and Pumsaint, Ceredigion*

Celynnydd ✛
celyn = *holly*

Celynog ✛
CELYNNEN, GLYNOG

Cellan ✛
CALLWEN
pentref yng Ngheredigion
a village in Ceredigion

Cemais ✛
enw lle yn Ynys Môn
a place name in Ynys Môn

Cemlyn ✛
pentref yn Ynys Môn
cam = *bent* + llyn = *lake or* glyn = *vale*
a village in Ynys Môn

Cenau ✛
CENEU
= *offspring, cub*

Cenech ✛
CENNECH

Ceneu ✛
CENAU
Ceneu ap Coel, sant cynnar. Un o
feibion Llywarch Hen yn y 6[ed] ganrif
cenau = *cub*
*Ceneu ap Coel, early saint. One of
Llywarch Hen's sons in the 6th century*

Cennard ✛
? cen = *head* + arth = *hill*

Cennech ✛
Llangennech, Sir Gaerfyrddin
Llangennech, Carmarthenshire

Cennin ⊙
= *leeks*

Cennydd ✛
sant o'r 6[ed] ganrif, mab Gildas. Cysylltir
â Senghennydd (hen enw ar Abertawe)

a Llangennydd
6ᵗʰ century saint, son of Gildas. Associated with Senghennydd (old name for Swansea) and Llangennydd

Cenwyn ✛
cen = *head* + gwyn = *white, blessed*

Cenydd ✛
CENNYDD

Ceraint ✛
GERAINT

Ceredig ✛
CAREDIG
mab Cunedda. Rheolwyd Ceredigion am 400 mlynedd gan ei ddisgynyddion
son of Cunedda. His ancestors ruled Ceredigion for 400 years

Ceri ✛ ○
enw afon yn Nyfed. Porth Ceri ger y Barri
Ceri Richards, 1903–1977, arlunydd
câr = *love*
a river in Dyfed. Porth Ceri, near Barry Ceri Richards, 1903–1977, artist

Cerian ○
? Ceri + Ann
ffurf anwes ar CERI
affectionate form of CERI

Ceridwen ○
? cerdd + gwen
gwraig Tegid Foel, mam Taliesin, duwies yr awen
? cerdd = music + gwen = white, blessed wife of Tegid Foel, mother of Taliesin, goddess of the muse

Ceril ○
CERILYS

Cerilan ○
câr = *love* + glân = *clean*

Cerilys ○
caru = *to love*

Ceris ○ ✛
CERYS

Cerist ○
afon Cerist, Powys
river Cerist, Powys

Cerith ✛
CERI

Cernyw ✛
Llangernyw, pentref yng Nghlwyd
= *Cornwall*
Llangernyw, a village in Clwyd

Cerwyd ✛
Cerwyd ap Pabo, o linach yr Hen Ogledd
Cerwyd ap Pabo, from the linealogy of the Old North

Cerwyn ✛
? caru – *to love* + gwyn – *white, blessed*

Cerys ○
caru = *to love*

Cethin ✛
GETHIN
= *dark, russet, dusky*

Ceulan ✛
enw nant yng Ngheredigion
= *hollow bank of river*
name of a stream in Ceredigion

Ceulanydd ✛
John Ceulanydd Williams, 1847–1899, gweinidog a bardd

Cynan

Cranogwen

Caradog

Cayo Evans

Cerys Matthews

Carlo

Carwyn James

Cewydd

John Ceulanydd Williams, 1847–1899, minister and poet

Cewydd ✛
Cewydd ap Caw, sant, dydd gŵyl
1 Gorffennaf
Cewydd ap Caw, saint, celebrated 1 July

Cian ✛
bardd o'r 5ed–6ed ganrif
5th–6th century poet

Cibno ✛
milwr a laddwyd yng Nghatraeth
warrior killed at Catraeth (Catterick)

Cigfa ◉
gwraig Pryderi yn y Mabinogi
Pryderi's wife in the Mabinogion tales

Cilmin ✛
Cilmin Droed-ddu, a ddygodd lyfr swynion
Cilmin Droed-ddu (Black foot), who stole a book of spells from a demon

Cilydd ✛
tad Culhwch yn chwedl Culhwch ac Olwen
father of Culhwch, in the tale Culhwch ac Olwen

Claerwen ◎
afon Claerwen, Powys
river Claerwen, Powys

Claris ◉
> Lladin, *clarus* = disglair. Tebyg i Claire, Clarice, Clara
> *Ladin,* clarus *= bright. Similar to Claire, Clarice, Clara*

Cled ✛
ffurf anwes ar CLEDWYN
affectionate form of CLEDWYN

Cledan ✛
nentydd ym Mhowys a Cheredigion
streams in Powys and Ceredigion

Cleder ✛
mab Brychan
son of Brychan

Cledlyn ✛
enw nant yng Ngheredigion
? caled = *hard* + glyn = *vale*
name of a stream in Ceredigion

Cledno ✛
hen frenin
king of old

Cledwyn ✛
afon yn Sir Ddinbych
un o etifeddion Brychan Brycheiniog
Cledwyn Hughes, Ysgrifennydd Gwladol Cymru, 1966–68
caled = *hard or* cledd = *sword* + gwyn = *white, blessed*
a river in Denbighshire
one of the heirs of Brychan Brycheiniog
Cledwyn Hughes, Secretary of State for Wales, 1966–68

Cleddau ✛ ◎
afon ym Mhenfro
a river in Pembrokeshire

Clodri ✛
clod = *praise* + rhi = *lord, king*

Clodwyn ✛
clod = *praise* + gwyn = *white, blessed*

Clwyd ✛
Dyffryn Clwyd
Vale of Clwyd

Clydai ✢
cysegrir eglwys i Clydai ger Castell
Newydd Emlyn
a church is dedicated to Clydai near
Newcastle Emlyn

Clydno ✢
clod + gno = enwog, hysbys
tywysog o ogledd Prydain a ddaeth yn
fynach i Gymru 550*
clod = *praise, fame* + gno = *renowned,*
well-known
prince of north Britain who came as a monk
to Wales 550*

Clydog ✢
Clydog ap Clydwyn ap Brychan, sant a
merthyr, fl. 500*, rheolwr Ewias, rhan o
Gymru a gymerwyd gan Loegr yn 1536
(Swydd Henffordd). Dydd gŵyl
3 Tachwedd
Clydog ap Cadell ap Rhodri Mawr, –917
Clydog ap Clydwyn ap Brychan, saint and
martyr, fl. 500*, ruler of Ewias, part of
Wales taken by England in 1536
(Herefordshire). Celebrated
3 November

Clydri ✢
? clod = *praise* + rhi = *lord*
tywysog Erging, swydd Henffordd, –600
prince of Erging in Herefordshire, –600

Clydwyn ✢
Clydwyn ap Brychan, 5ed ganrif, tad
Clydog
Clydwyn ap Brychan, 5th century, father of
Clydog

Clynnog ✢
CLYNOG
pentref yng Ngwynedd
Morys Clynnog, 1525–80, awdur
Catholig
Clynnog ap Dyfnwal, tad-cu

Rhydderch Hael, fl. 530
celyn = *holly*
a village in Gwynedd
Morys Clynnog, 1525–80, a Catholic
author
Clynnog ap Dyfnwal, grandfather of
Rhydderch Hael, fl. 530

Clynog ✢
CLYNNOG
Clynog ap Dyfnwal Hen

Coel ✢
Coel Hen, brenin Ystrad Clud, cyndad
brenhinoedd gogledd Prydain
Coel Hen, king of Strathclyde, ancestor of
northern British dynasties

Coetmor ✢
coed = *trees* + mawr = *great*

Colwyn ✢
afon yn Nghlwyd
Bae Colwyn
a river in Clwyd
Colwyn Bay

Collen ✢
sant, fl. 600, sefydlodd eglwys
Llangollen
collen = *hazel*
saint, fl. 600, established church of
Llangollen

Collfryn ✢
collen = *hazel* + bryn = *hill*

Collwen ☉
santes gynnar
an early saint

Collwyn ✢
GOLLWYN
Collwyn ap Tangno, sefydlydd un o
lwythau Gwynedd, 1020

collen = *hazel* + gwyn = *white, blessed*
Collwyn ap Tangno, established one of the
royal families of Gwynedd, 1020

Conan ✛
CYNAN
> Celteg, *kuno* = uchel
> *Celtic,* kuno = *high*

Conwy ✛
tref ac afon
river and town

Corris ✛
pentref ym Meirionnydd
a village in Meirionnydd

Cothi ✛ ✿
afon, Sir Gaerfyrddin
a river in Carmarthenshire

Cowlwyd ✛
COWLYD
tad Elfodd
father of Elfodd

Cowlyd ✛
cwm yng Ngwynedd
a valley in Gwynedd

Cradog ✛
CARADOG

Craigfryn ✛
craig = *rock* + bryn = *hill*

Crallo ✛
sant cynnar
Llangrallo, ger Pen-y-bont ar Ogwr
early saint
Llangrallo (Coychurch), near Bridgend

Crannog ✛
CARANNOG

Cranogwen ✿
enw barddol Sarah Jane Rees,
1839–1916, pregethwraig, darlithydd,
cerddor, bardd
bardic name of Sarah Jane Rees, 1839–1916,
preacher, lecturer, musician, poet

Creiddylad ✿
CREUDDYLAD

Creirwy ✿
merch Ceridwen, a'r harddaf yn y byd
daughter of Ceridwen, and the fairest girl in
the world

Creuddylad ✿
Creuddylad ferch Lludd, y ferch
harddaf ym Mhrydain, a gipiwyd gan
Gwyn ap Nudd oddi wrth Gwythyr
Creuddylad ferch Lludd, the fairest maiden
in Britain, abducted by Gwyn ap Nudd
from Gwythyr

Creunant ✛
pentref yng Nghwm Dulais, Morgannwg
a village in Cwm Dulais, Glamorgan

Crinwen ✿

Crisial ✿
GRISIAL
= *crystal*

Crisiant ✿
cyfnither Owain Gwynedd a mam
Dafydd a Rhodri, fl. 1150
= *crystal, bright*
cousin of Owain Gwynedd and mother of
Dafydd and Rhodri, fl. 1150

Cristiolus ✛
sant a gysylltir â Llangristiolus,
Ynys Môn
a saint associated with Llangristiolus,
Ynys Môn

Cristyn ○
> Lladin = Cristion. Tebyg i CHRISTINE
Cristyn ferch Gronw, gwraig Owain
Gwynedd
> *Latin = Christian. Similar to* CHRISTINE
Cristyn ferch Gronw, wife of Owain
Gwynedd

Crwys +
enw barddol William Williams,
1875–1968, Archdderwydd Cymru,
bardd a phregethwr
pentref yng Ngŵyr
crwys = *cross*
the bardic name of William Williams,
1875–1968, Archdruid of Wales, poet and
preacher
a village in Gower

Crystyn ○
CRISTYN

Cuhelyn +
CELYN
enw barddol Thomas Gwallter Price,
1829–69
bardic name of Thomas Gwallter Price,
1829–69

Culhwch +
arwr y chwedl o'r 11ᵉᵍ ganrif, Culhwch
ac Olwen, lle caiff Culhwch gymorth
Arthur ac eraill i ennill llaw Olwen
hero of the 11ᵗʰ century tale Culhwch ac
Olwen, where Culhwch wins the support of
Arthur and others to marry Olwen

Cunedda +
> Celteg, Counodagos = arglwydd da
Cunedda Wledig, fl. 395/450*,
arweinydd y Brythoniaid a ddaeth i
Gymru o'r Alban gydag wyth mab.
Teyrnasodd ei deulu nes lladd y
Tywysog Dafydd yn 1283. Tad Tybion,
Osfael, Rhufon, Dunod, Ceredig,

Afloeg, Einion, Dogfael, Edern
> *Celtic, Counodagos = good lord*
Cunedda Wledig, fl. 395/450, leader of the*
Britons who came to Wales from Scotland
with eight sons. His family ruled in Wales
until the death of Prince Dafydd in 1283.
Father of Tybion, Osfael, Rhufon, Dunod,
Ceredig, Afloeg, Einion, Dogfael, Edern

Curig +
sant, fl. 550, dydd gŵyl 16 Mehefin
Llangurig, Powys
Capel Curig, Gwynedd
saint, fl. 550, celebrated 16 June

Curwen +

Custennin +
CYSTENNIN
un o feibion Macsen ac Elen, tad Emrys
Wledig ac Uthr, yn ôl Sieffre o Fynwy
one of the sons of Macsen and Elen, father
of Emrys Wledig and Uthr, according to
Geoffrey of Monmouth

Cwellyn +
llyn yng Ngwynedd
a lake in Gwynedd

Cwyfan +
CWYFEN
sant cynnar, a gysylltir ag Aberffraw yn
Ynys Môn
an early saint, associated with Aberffraw in
Ynys Môn

Cwyfen +
CWYFAN

Cybi +
sant o'r 6ᵉᵈ ganrif, sefydlydd eglwys
yng Nghaergybi, cysylltir ef â sawl
eglwys arall
6ᵗʰ century saint, established church at
Holyhead, and associated with many other
churches

Cydifor ✛
\# CADIFOR, CEDIFOR
Cydifor ap Collwyn

Cydwel ✛
Cydweli, Sir Gaerfyrddin
Kidwelly, Carmarthenshire

Cydywal ✛
milwr a folir am ei ddewrder yng
Nghatraeth
a warrior praised for bravery at Catraeth

Cyfeiliog ✛
–927, Esgob Llandaf
ardal o Faldwyn
–927, Bishop of Llandaf
area in Montgomeryshire

Cyfwlch ✛
un o lys Arthur yn Culhwch ac Olwen
member of Arthur's court in Culhwch ac
Olwen

Cyffin ✛
Roger Cyffin, fl. 1587–1609, bardd
Kyffin Williams, artist
nentydd yng Ngwynedd a Cheredigion
cyd = along + ffin = boundary
Roger Cyffin, fl. 1587–1609, poet
Kyffin Williams, painter
streams in Gwynedd and Ceredigion

Cymaron ✛
nant ym Mhowys
a stream in Powys

Cymbriana ☺
Cymru = Wales

Cymraes ☺
= Welsh woman

Cymro ✛
= Welshman

Cynan ✛
>? Celteg, *kuno* = uchel
\# CYNON, CYNIN
Cynan ab Eudaf Hen
Cynan ap Dôn
Cynan brawd Elen Luyddog, gwraig
Macsen
Cynan Dindaethwy, –816, tywysog
Cynan ap Iago, –1060, disgynnydd i
Rhodri Mawr
Cynan ab Owain Gwynedd, –1174,
teyrnasai yng Ngwynedd
Cynan ap Hywel, –1242, teyrnasai yn y
Deheubarth
Cynan, 1900–1970, A E Jones, bardd ac
Archdderwydd Cymru
>? Celtic, kuno = high, great
Cynan brother of Elen Luyddog, wife of
Macsen
Cynan Dindaethwy, –816, prince
Cynan ap Iago, –1060, descendant of
Rhodri Mawr
Cynan ab Owain Gwynedd, –1174, ruled in
Gwynedd
Cynan ap Hywel, –1242, ruled in
Deheubarth (south-west Wales)
Cynan, 1900–1970, A E Jones, poet and
Archdruid of Wales

Cyndeyrn ✛
cyn = uchel, prif + teyrn (neu arglwydd)
tebyg i gi
cyfateb i KENTIGERN
sant o'r 6ed ganrif
Llangyndeyrn, Sir Gaerfyrddin
cyn = chief + teyrn = lord/hound-like lord
equivalent of KENTIGERN
a 6th century saint
Llangyndeyrn, Carmarthenshire

Cyndrig ✛
\# CYNFRIG

Cynddelw ✛
Cynddelw ap Caradog

Cynddelw Brydydd Mawr,
fl. 1155–1200, y mwyaf o feirdd llys y
12^{fed} ganrif
enw barddol Robert Ellis, 1810–75,
gweinidog, hynafiaethydd
Cynddelw Brydydd Mawr, fl. 1155–1200,
the greatest court poet of the 12th century
bardic name of Robert Ellis, 1810–75,
minister, antiquarian

Cynddylan ✛
Cynddylan ap Llywarch Hen
Cynddylan ap Cyndrwyn, tywysog o
Bowys yn y 7^{fed} ganrif, cymeriad o bwys
yn Canu Heledd o'r 9^{fed} ganrif
Cynddylan ap Cyndrwyn, prince from
Powys in the 7th century, an important
character in the Canu Heledd poems of the
9th century

Cynddylig ✛
un o feibion Llywarch Hen
one of Llywarch Hen's sons

Cynedda ✛
CUNEDDA

Cynfab ✛
sant cynnar
Capel Cynfab, Sir Gaerfyrddin
cyn = *chief or first* + mab = *son*
early saint
Capel Cynfab, Carmarthenshire

Cynfael ✛
cymeriad y sonnir amdano yn
Englynion Beddau y 9^{fed} a'r 10^{fed} ganrif.
afon yng Ngwynedd
cyn = *chief* + mael = *prince*
character mentioned in the Stanzas of the
Graves of the 9th–10th century
a river in Gwynedd

Cynfaen ✛
cyn = *chief* + maen = *stone*

Cynfal ✛
CYNFAEL

Cynfan ✛
CYNFAEN

Cynfarch ✛
CYNMARCH
tad Urien Rheged
sant a gysylltir ag Eglwys Llanfair,
Dyffryn Clwyd
cyn = *chief* + march = *horse*
father of Urien Rheged
saint associated with Llanfair Church, Vale
of Clwyd

Cynfelyn ✛
CYNFELIN
> Cunobelinos
tad Caradog
sant cynnar
milwr a fu farw yng Nghatraeth
Llangynfelyn, Ceredigion
father of Caradog
an early saint
a warrior who died at Catraeth (Catterick)

Cynferth ✛
cyn = *chief* + berth = *beautiful*

Cynfoel ✛
# CYNFAEL
cyn = *chief* + moel = *hill*

Cynfor ✛
disgybl i Teilo
cyn = *chief* + mor *or* mawr = *great*
pupil of Teilo

Cynfran ✛
Cynfran ap Brychan, 5^{ed} ganrif
? cyn = *chief* + brân = *crow*
Cynfran ap Brychan, 5th century

Cynfrig ✛

\# Cynwrig, Cyndrig, Cynrig
Cynfrig ab Owain Gwynedd, –1139
Cynfrig ap Dafydd Goch, fl. 1420, bardd
cyn = *chief* + brig = *peak*
Cynfrig ap Dafydd Goch, fl. 1420, poet

Cynfyn ✛

brenin cynnar Erging rhwng Mynwy a
Gwy
Ysbyty Cynfyn, Ceredigion
early king of Erging between Monnow and Wye

Cynffig ✛

Evan Cynffig Davies, 1843–1908, athro,
awdur, cerddor
afon ger Margam
Abercynffig
Evan Cynffig Davies, 1843–1908, teacher, author, musician
a river near Margam
Aberkenfig

Cyngar ✛

sant o'r 6ed ganrif ym Morgannwg,
dydd gŵyl 7 a 27 Tachwedd
6th century saint from Glamorgan, celebrated 7 and 27 November

Cyngen ✛

–855, tywysog, mab Cadell tywysog
Powys. Cododd garreg goffa i'w dad-cu
Elise
–855, prince, son of Cadell prince of Powys. He erected a memorial stone to Elise, his grandfather

Cynhaearn ✛

Cynhaearn ap Cerfael, sant o'r
5ed ganrif
cyn = *chief* + haearn = *iron*
Cynhaearn ap Cerfael, 5th century saint

Cynhafal ✛

= tebyg i bennaeth neu debyg i gi
sant 600*, a gysylltir â Llangynhafal,
Sir Ddinbych
cyn = *chief* + hafal = *equal or hound-like*
600 saint, associated with Llangynhafal, Denbighshire*

Cyni ✛

\# Cynri

Cynidr ✛

sant o'r 6ed ganrif, mab i Geingair merch
Brychan neu fab i Wynllyw a Gwladys,
dydd gŵyl 8 Rhagfyr
Llangynidr, Powys
6th century saint, son of Geingair daughter of Brychan or son of Gwynllyw and Gwladys, celebrated 8 December

Cynin ✛

sant a gysylltir â Llangynin, Gwynedd
Cynin Cof fab Tudwal Befr, un o wyrion
Brychan y nodir ei enw yn Culhwch ac
Olwen
Cynin ap Brychan
a saint associated with Llangynin in Gwynedd
Cynin Cof fab Tudwal Befr, grandson of Brychan mentioned in Culhwch ac Olwen

Cynlais ✛

\# Cynlas
afon ym Mhowys
Ystradgynlais
a river in Powys

Cynlas ✛

brenin Prydain yr ymosodwyd arno
gan Gildas yn y 6ed ganrif
king of Britain whom Gildas attacked in the 6th century

Cynllaith ✛
enw person ac afon
personal and river name

Cynllo ✛
fl. 550, sant, dydd gŵyl 17 Gorffennaf
Llangynllo, Powys
fl. 550, saint, celebrated 17 July

Cynmarch ✛
Cynfarch

Cynnwr ✛
sant a gysylltir â Llangynnwr,
Sir Gaerfyrddin
a saint associated with Llangynnwr,
Carmarthenshire

Cynog ✛
sant o'r 6ed ganrif, mab Brychan,
cysylltir ef â sawl eglwys ym Mhowys,
Gwent a Henffordd
6th century saint, son of Brychan, he is
associated with many churches in Powys,
Gwent and Herefordshire

Cynogan ✛
nant yng ngogledd-ddwyrain Cymru
a stream in north-east Wales

Cynolwyn ✛
Abergynolwyn, Meirionnydd

Cynon ✛
> *Kunonos* = mawr neu gi dwyfol
Cynon fab Clydno Eiddyn, sonnir
amdano yng nghanu Aneirin
Cynon ap Ceredig, –817, brenin yng
Ngwynedd
afon sy'n llifo i'r Taf
> *Kunonos = great or divine hound*
Cynon fab Clydno Eiddyn, mentioned by
the poet Aneirin
Cynon ap Ceredig, –817, a Gwynedd king
a river flowing into the Taff

Cynrain ✛
milwr a ganmolir gan Aneirin
a warrior praised by Aneirin

Cynri ✛
un o'r milwyr a aeth i Gatraeth (gw.
Aneirin)
one of the soldiers who fought at Catraeth
(v. Aneirin)

Cynrig ✛
Cynfrig, Cynwrig

Cynwal ✛
milwr a aeth i Gatraeth (gw. Aneirin)
Wiliam Cynwal, –1587/8, bardd
cyn = chief + gwal = leader
soldier who fought at Catraeth (v. Aneirin)
Wiliam Cynwal, –1587/8, poet

Cynwil ✛
Cynwyl

Cynwrig ✛
Cynfrig
>? Hen Saesneg, *cyne* = brenhinol
+ *ric* = rheolwr
Cynwrig Hir o Edeirnion, –1093.
Rhyddhaodd Gruffudd ap Cynan o
garchar Caer
Cynwrig ab Owain Gwynedd
Cynwrig ap Rhys, fl. 1237, tywysog,
mab yr Arglwydd Rhys
Cynwrig Bencerdd, fl. 1451, telynor
>? *Old English,* cyne = *royal* + ric =
ruler
Cynwrig Hir o Edeirnion, –1093. He freed
Gruffudd ap Cynan from Chester prison
Cynwrig ap Rhys, fl. 1237, prince, son of
Lord Rhys
Cynwrig Bencerdd (chief musician-poet),
fl. 1451, harpist

Cynwyd ✝

Cynwyd ap Ceredig
sant cynnar
enw a gysylltir â'r Hen Ogledd
Llangynwyd, Morgannwg
early saint
a name associated with the Old North
Llangynwyd, Glamorgan

Cynwyl ✝

sant cynnar, mab Dunawd
un o'r tri a ffôdd o frwydr Camlan yn ôl
Culhwch ac Olwen
Cynwyl Elfed, Sir Gaerfyrddin
an early saint, son of Dunawd
one of three who fled from the battle of
Camlan, according to Culhwch ac Olwen
Cynwyl Elfed, Carmarthenshire

Cynyr ✝

tad Non a thad-cu Dewi Sant, fl. 500
St David's grandfather, father of Non,
fl. 500

Cynyw ✝

sant a gysylltir â Llangynyw, Powys
a saint associated with Llangynyw, Powys

Cystennin ✝

> Lladin, *constans* = cyson, cadarn
un o feibion Macsen Wledig
> *Latin*, constans = *constant, firm*
one of the sons of Macsen Wledig
Caergystennin = *Constantinople*

Cywarch ✝

afon ger Dinas Mawddwy,
Meirionnydd
a river near Dinas Mawddwy, Meirionnydd

Cywryd ✝

sant a bardd
saint and poet

D

Dafi ✝

ffurf anwes ar DAFYDD
affectionate form of DAFYDD

Dafina ☉

ffurf fenywaidd ar DAFYDD
feminine form of DAFYDD

Dafydd ✝

\# DEWI, DEIAN, DAI
> Hebraeg = anwylyn, yna cyfaill
Dafydd ab Owain Gwynedd, –1203,
mab Owain a Cristyn. Teyrnasodd ar
Wynedd, 1174
Dafydd ap Llywelyn, –1246, tywysog,
mab Llywelyn Fawr a Siwan
Dafydd Benfras, fl. 1230–60, bardd
Dafydd ap Gruffudd, –1283, brawd
Llywelyn ap Gruffudd, tywysog olaf
Cymru
Dafydd ap Gwilym, fl. 1340–70, bardd
mwyaf Cymru, o Geredigion
Dafydd Nanmor, bardd o fri, 15^{ed} ganrif
> *Hebrew = darling, then friend, English*
form = David
Dafydd ab Owain Gwynedd, –1203, son of
Owain and Cristyn. He ruled Gwynedd,
1174
Dafydd ap Llywelyn, –1246, prince, son of
Llywelyn Fawr and Siwan
Dafydd Benfras, fl. 1230–60, poet
Dafydd ap Gruffudd, –1283, brother of
Llywelyn ap Gruffudd, last prince of Wales
Dafydd ap Gwilym, fl. 1340–70, Wales's
greatest poet, from Ceredigion
Dafydd Nanmor, renowned poet,
15th century

Dai ✣
\# Dafydd
a form of David

Dalis ✣
> Gwyddalis, sant (Vitalis), cysylltiedig
â Dihewyd, Ceredigion
Ffair Dalis, hen ffair ger Llanbedr Pont
Steffan
> *Gwyddalis, saint (Vitalis), associated
with Dihewyd, Ceredigion
Ffair Dalis, an old fair near Lampeter*

Daloni ✿

Dalwyn ✣
? tâl = *forehead* + gwyn = *white*

Dan ✣
\# Daniel
Dan ap Seisyll
Dan Isaac Davies, 1839–87, arloeswyr
dysgu Cymraeg
*Dan Isaac Davies, 1839–87, pioneer of
teaching Welsh*

Daniel ✣
> Hebraeg = mae Duw wedi barnu
Daniel fab Sulgeni, –1124, esgob
Tyddewi
Daniel Silvan Evans, 1818–1903,
geiriadurwr
> *Hebrew = God has judged
Daniel fab Sulgeni, –1124, bishop of
St David's
Daniel Silvan Evans, 1818–1903, writer
of dictionaries*

Darenwen ✿

Daron ✿
duwies y dderwen
Aberdaron, Gwynedd
goddess of the oak

Daronwy ✣ ✿
\# Daron

Darren ✣
tarren = *burnt land, hill*

Darwel ✣

Dathan ✣
\# Tathan

Dathyl ✿
> Gwyddeleg, Tuathl, Cymraeg Tudwal
Caer Dathyl, sonnir amdani yn y
Mabinogi
> *Irish, Tuathl, Welsh Tudwal
Caer Dathyl, mentioned in the Mabinogion*

Dedwydd ✣ ✿
= *happy, content*

Defynnog ✣
\# Dyfynnog

Deganwy ✣
llys Maelgwn Gwynedd a thref yng
Nghonwy
*site of the court of Maelgwn Gwynedd, a
town in Conwy*

Degwel ✣
\# Dogfael, Dogmael

Dei ✣
\# Dai, Dafydd

Deian ✣
\# Dai
ffurf anwes ar Dafydd
affectionate form of Dafydd

Deicws ✣
\# Dai, Deio

53

Deigr ✛
Deigr ap Llywarch Hen

Deilwen ✪
deilen = *leaf* + gwen = *white, blessed*

Deilwyn ✛
deilen = *leaf* + gwyn = *white, blessed*
? dau lwyn = *two groves*

Deiniol ✛
Deiniol Wyn ap Dunawd, –584, sant,
sefydlodd eglwys ym Mangor
*Deiniol Wyn ap Dunawd, –584, saint,
established church in Bangor*

Deio ✛
DAI, DAFYDD
Deio ab Ieuan Du, fl. 1460–80, bardd
Deio ab Ieuan Du, fl. 1460–80, poet

Deion ✛
DION

Del ✪
= *pretty*

Delana ✪

Delfryn ✛
del = *pretty* + bryn = *hill*

Delor ✛
TELOR

Delun ✪
del = *pretty* + un = *one,* or llun = *form*

Delwen ✪
del = *pretty* + gwen = *white*

Delwyn ✛
del = *pretty* + gwyn = *white*

Delyn ✪
telyn = *harp*

Delyth ✪
del = *pretty*

Dengar ✪
= *attractive*

Deolyn ✛

Derec ✛
> Hen Almaeneg, Theodoric, *theuda* =
pobl + *ric* = rheolwr
> *Old German, Theodoric,* theuda =
people + ric = *ruler*

Derfael ✛
# DERFEL
derw = *oak or* der = *stubborn* + mael =
prince

Derfel ✛
sant a gysylltir â Llandderfel,
Meirionnydd
Robert Jones Derfel, 1824–1905, bardd,
cenedlaetholwr a sosialydd
derw = *oak* + mael = *prince*
*saint associated with Llandderfel,
Meirionnydd*
*Robert Jones Derfel, 1824–1905, poet,
nationalist and socialist*

Derfela ✪

Deri ✛
= *oaks*

Deris ✪
DERI

Derith ✪
DERI

Derw ✛
DERWEN

Derwel ⚙
chwaer Amon, mam Machudd
sister of Amon, mother of Machudd

Derwen ✛
= *oak*

Derwenna ⚙
derwen = *oak*

Derwydd ✛
= *druid*

Derwyn ✛
derw = *oak* + gwyn = *white*

Deryn ✛ ⚙
aderyn = *bird*

Desach ✛
afon yng Ngwynedd
a river in Gwynedd

Deuanna ⚙
?# Diana

Deudraeth ✛
Penrhyndeudraeth, Gwynedd
deu – *two* + traeth = *beach*

Deulwyn ✛
# Delwyn
deu = *two* + llwyn = *grove*

Dewi ✛
Dafydd
–588, sant, Dewi ap Sant ap Ceredig ap
Cunedda Wledig, sefydlydd Tyddewi,
a'r abad a'r esgob cyntaf nawddsant
Cymru; dydd gŵyl 1 Mawrth
*–588, saint, Dewi ap Sant ap Ceredig ap
Cunedda Wledig, establisher and first abbot
and bishop of St David's, patron saint of
Wales; celebrated 1 March*
English form= David

Dewin ✛
= *magician*

Dic ✛
ffurf anwes ar Rhisiart > Richard
Dic Aberdaron, 1780–1843, Richard
Robert Jones, ieithydd hynod
Dic Penderyn, 1807/8–1831, Richard
Lewis, crogwyd ar gam am ei ran yn
Nherfysg Merthyr
Dic Tryfan, 1878*–1919, Richard
Hughes Williams, awdur
affectionate form of Rhisiart > Richard
*Dic Aberdaron, 1780–1843, Richard Robert
Jones, remarkable linguist*
*Dic Penderyn, 1807/8–1831, Richard
Lewis, hanged although innocent for his
part in the Merthyr riots*
Dic Tryfan, 1878–1919, Richard Hughes
Williams, author*

Dicw ✛
ffurf anwes ar Rhisiart Wyn
affectionate form of Rhisiart Wyn

Diddanwy ⚙
Dyddanwy

Dilwen ⚙
dil = *honeycomb* or dilys = *genuine* +
gwen = *white*

Dilwyn ✛
dil = *honeycomb* or dilys = *genuine* +
gwyn = *white*

Dilys ⚙
= *genuine, sincere*

Dinawd ✛
Dunawd
Dinawd, abad Bangor
Dinawd, bishop of Bangor

Dinmael ✙
enw lle ym Meirionnydd
din = *fort* + mael = *prince*
place name in Meirionnydd

Dinogad ✙
bachgen mewn cerdd gynnar
a boy in an early poem

Dion ✙
> Groeg, Dionysios
enw gŵr a droswyd gan Sant Pawl yn
Athen, ac enw sawl sant
> *Greek, Dionysios*
name of man converted by St Paul in
Athens, and the name of many saints

Dochau ✙
sant a gysylltir â Llandochau, Caerdydd
a saint associated with Llandough near
Cardiff

Dogfael ✙
Dogmael, Dogwel
mab Cunedda
ardal Dogfeiling, Dyffryn Clwyd
son of Cunedda
region of Dogfeiling, Vale of Clwyd

Dogmael ✙
Dogfael, Dogwel
sant o'r 6ed ganrif, ag eglwys iddo yn
Llandudoch, Sir Benfro. Mab i Ithel ap
Ceredig ap Cunedda Wledig
6th century saint, church at St Dogmael's,
Pembrokeshire. Son of Ithel ap Ceredig ap
Cunedda Wledig

Dolan ✙

Doli ✪
doli = *doll*

Dôn ✪
duwies y duwiau mewn mytholeg
Geltaidd, yn gysylltiedig â'r afon
Donaw
mam Gwydion, Arianrhod a Gilfaethwy
goddess of gods in Celtic mythology,
associated with river Danube
mother of Gwydion, Arianrhod and
Gilfaethwy

Dona ✪ ✙
Dôn
Dona ap Selyf, sant cynnar
Dona ap Selyf, early saint

Donwenna ✪

Dorcas ✪
gwraig a wnâi ddillad i'r tlodion yn
Llyfr yr Actau
woman who made clothes for the poor in the
Book of Acts

Dorian ✙

Dorien ✙

Dorti ✪
ffurf anwes ar Dorothy
affectionate form of Dorothy

Drudwas ✙
cymeriad yn y Mabinogi
? drudwen = *starling*
? drud = *valuable* + gwas = *servant*
a character in the Mabinogion

Drudwen ✪
= *starling or* drud = *expensive* + gwen
= *white*

Drystan ✙
Trystan
Drystan fab Tallwch, sonnir amdano yn
Trioedd Ynys Prydain

Drystan fab Tallwch, mentioned in the Triads of the Isle of Britain

Dulais ✢
enw sawl afon
du = *black* + clais = *stream*
name of many streams

Dulyn ✢ ✪
Dulyn = *Dublin*

Dunawd ✢
DUNOD, DUNWYD
Dunawd ap Pabo, sant o'r 6ᵉᵈ ganrif, abad Bangor Is-coed, dydd gŵyl 7 Medi. Ymladdodd yn yr Hen Ogledd yn erbyn Owain a Pasgen, meibion Urien Rheged. Tad Deiniol, Cynwyl a Gwarthan Dunawd, tywysog Cernyw un o feibion Cunedda, a roes ei enw i Dunoding, Eifionydd heddiw
Dunawd ap Pabo, 6ᵗʰ century saint, abbot of Bangor Is-coed, celebrated 7 September. Fought in the Old North against Owain and Pasgen, sons of Urien Rheged. Father of Deiniol, Cynwyl and Gwarthan Dunawd, prince of Cornwall one of Cunedda's sons, who gave his name to Dunoding, Eifionydd today

Dunwyd ✢
Sain Dunwyd, Morgannwg
St Donat's, Glamorgan

Dwyfan ✪ ✢
?# DWYFOR

Dwyfor ✪
afon yn llifo drwy Lanystumdwy
a river flowing through Llanystumdwy, Eifionydd

Dwyn ✪
DWYNWEN

Dwynwen ✪
merch Brychan Brycheiniog a nawddsant cariadon; dydd gŵyl 25 Ionawr eglwys yn Llanddwyn, Ynys Môn
daughter of Brychan Brycheiniog and patron saint of lovers; celebrated 25 January church in Llanddwyn, Ynys Môn

Dwyryd ✢ ✪
enw afon yng Ngwynedd
dwy = *two* + rhyd = *ford*
a river in Gwynedd

Dwysan ✪
dwys = *intense, profound* + an (*endearment*)

Dwysli ✪
> DULCIE

Dybion ✢
TYBION
mab hynaf Cunedda
Cunedda's eldest son

Dyddanwy ✢ ✪
diddan = *delightful*

Dyddgen ✢
? dydd = *day* + geni = *birth*

Dyddgu ✪
Dyddgu ferch Owain, 12ᶠᵉᵈ ganrif un o gariadon Dafydd ap Gwilym, 14ᵉᵍ ganrif
Dyddgu ferch Owain, 12ᵗʰ century one of Dafydd ap Gwilym's lovers, 14ᵗʰ century

Dyfan ✢
un o'r cenhadon a anfonwyd gan y Pab i Brydain yn 171
Llandyfan, Dyfed
Merthyr Dyfan, Barri
one of the missionaries sent by the Pope to Britain in 171

Dyfed ✛
mab Macsen Wledig
enw barddol Evan Rees, 1850–93,
Archdderwydd Cymru
hen ranbarth de-orllewin Cymru
son of Macsen Wledig
bardic name of Evan Rees, 1850–93,
Archdruid of Wales
ancient region of south-west Wales

Dyfedwy ✺
Dyfed

Dyfi ✛ ✺
dyf = tywyll neu ddu
afon yng ngogledd Cymru
Aberdyfi
dyf = dark or black
a river in north Wales

Dyfnaint ✛
perthyn i lwyth Hedd o Wynedd a'r
Mars
= Devon
belonged to the family of Hedd of Gwynedd
and the Marches

Dyfnallt ✛
enw barddol y Parchedig John Owen,
1873–1956, Archdderwydd Cymru
dwfn = deep + allt = hill or wood
bardic name of Reverend John Owen,
1873–1956, Archdruid of Wales

Dyfnan ✛
mab Brychan
son of Brychan

Dyfnant ✛
enw lle ger Abertawe
dwfn = deep + nant = stream
a place name near Swansea, Dunvant

Dyfnwal ✛
Dyfnwal Moelmud, gor-ŵyr i Coel Hen,
cefnder i Cunedda Wledig, fl. 425*;
rhoddwr y gyfraith cyn Hywel Dda yn
ôl traddodiad
Dyfnwal Hen, ŵyr i Macsen Wledig
neu Ceredig Wledig
> Dubnoualos, dyfn = *deep* + gwal =
leader
Dyfnwal Moelmud, great-grandson of Coel
Hen, cousin of Cunedda Wledig, fl. 425;*
giver of laws before Hywel Dda
Dyfnwal Hen, grandson of Macsen Wledig
or Ceredig Wledig

Dyfnwallon ✛
Arglwydd Ceredigion, 850
dyfn = *deep* + gwallon = *ruler*
Lord of Ceredigion, 850

Dyfr ✺
Dyfyr
enwir yn Trioedd Ynys Prydain fel un o
dair morwyn hardd llys Arthur
named in the Triads of the Isle of Britain as
one of three beautiful maidens of Arthur's
court

Dyfri ✛
Dyfrig
enw ar afon, Llanymddyfri,
Sir Gaerfyrddin
? dwfr = *water* + rhi = *lord*
name of river, Llanymddyfri,
Carmarthenshire

Dyfrig ✛
sant cynnar, mab Brychan, fl. 475, o
dde-ddwyrain Cymru a Henffordd,
dydd gŵyl 14 Tachwedd
early saint, son of Brychan, fl. 475, from
south-east Wales and Hereford, celebrated
14 November

Dyfynnog ✛
Defynnog
plwyf yn Sir Frycheiniog
parish in Breconshire

Dyfyr ✛ ✪
Dyfr
Dyfyr mab Alun Dyfed, sonnir amdano
yn Breuddwyd Rhonabwy, chwedl a
ysgrifennwyd tua 1300
Dyfyr Wallt Eureid, sonia'r beirdd
amdani oherwydd ei phrydferthwch
Dyfyr mab Alun Dyfed, mentioned in
Breuddwyd Rhonabwy, a tale written
around 1300
Dyfyr Wallt Eureid (golden haired),
mentioned by poets for her beauty

Dylan ✛
mab Arianrhod, a aeth at y môr a'i
alw'n Dylan Eil Don. Duw môr, neu
arwr chwedlonol
Dylan Thomas, 1914–53, bardd
son of Arianrhod, who took to the sea and
named Dylan Eil Don (= akin to wave).
Sea god, or hero of fables
Dylan Thomas, 1914–53, poet

Dyrfal ✛

E

Eben ✛
> Hebraeg = carreg cymorth
Eben Fardd, Ebenezer Thomas,
1802–63, bardd
> *Hebrew = stone of help*
Eben Fardd, Ebenezer Thomas, 1802–63,
poet

Ebrill ✪
= *April*

Ebrilla ✪
Ebrill

Ebrillwen ✪
# Brillwen
Ebrill = *April* + gwen = *white, blessed*

Edar ✛
milwr a fu yng Nghatraeth
a warrior who fought at Catraeth

Edenog ✛
= un ag adenydd
un o ddilynwyr Arthur
= *winged*
one of Arthur's followers

Edern ✛
mab Cunedda, 527–579
mab Nudd yn chwedl Geraint fab Erbin
Edeirnion, Arfon
Edern, pentref yn Llŷn,
Bodedern, Ynys Môn
son of Cunedda, 527–579
son of Nudd in medieval tale Geraint fab
Erbin
Edeirnion, Arfon
Edern, a village in Llŷn
Bodedern, Ynys Môn

Edernol ✚
>? Lladin, *eternalis* = tragwyddol
>? *Latin, eternalis = eternal*

Ederyn ✚
ADERYN, DERYN

Edmwnd ✚
EDMWNT, EDMWN
> Hen Saesneg, Eadmund, *ead* =
cyfoethog + *mund* = amddiffyniad
Edmwnd Prys, 1544–1623, archddiacon
Meirionnydd a bardd
> *Old English, Eadmund, ead = rich +*
mund = *protection*
Edmwnd Prys, 1544–1623, archdeacon of
Meirionnydd and poet

Edna ⊙
gwraig Enoc yn llyfr yr Apocryffa
Enoch's wife in the Apocrypha

Ednant ✚
? edn = aderyn + nant
? edn = *bird* + nant = *stream*

Edno ✚
dyffryn yng Ngwynedd
a valley in Gwynedd

Ednowain ✚
edn = *bird* + Owain

Ednowen ✚
EDNOWAIN

Ednyfed ✚
Ednyfed ap Macsen Wledig, sant
cynnar
Ednyfed Fychan, Ednyfed ap Cynwrig,
arglwydd yng Ngwynedd, –1246
Ednyfed ap Macsen Wledig, early saint
Ednyfed Fychan, Ednyfed ap Cynwrig, lord
in Gwynedd, –1246

Edryd ✚
= tras
Edryd Wallt Hir, brenin Lloegr, sef
Aethelred o Mercia
= *descent*
Edryd Wallt Hir (long-haired), king of
England, Aethelred of Mercia

Edward ✚
Edwart
> Hen Saesneg, Eadweard, *ead* =
cyfoethog + *weard* = gwarcheidwad
Edward ab Ifan, telynor a urddwyd yn
eisteddfod Caerwys, 26 Mai 1568
> *Old English, Eadweard, ead = rich +*
weard = *guardian*
Edward ab Ifan, harpist honoured at
Caerwys eisteddfod, 26 May 1568

Edwart ✚
EDWARD

Edwen ⊙
Edwen ferch Brychan

Edwin ✚
EDWYN
Edwin ap Gronw
Edwin Davies, 1859–1919, golygydd a
chyhoeddwr, Aberhonddu
Edwin Davies, 1859–1919, editor and
publisher, Brecon

Edwy ✚ ⊙
Aberedwy, pentref yn nyffryn Gwy
Aberedwy, a village in the Wye valley

Edwyn ✚
EDWIN
> Hen Saesneg, Eadwine, *ead* =
cyfoethog + *wine* = cyfaill
Edwin ap Ceredig ap Cunedda,
6^{ed} ganrif
Edwin ab Einion, 10^{fed} ganrif, tad
Hywel, brenin Deheubarth

> *Old English, Eadwine,* ead = *rich*
+ wine = *friend*
Edwin ap Ceredig ap Cunedda, 6th century
Edwin ab Einion, 10th century, father of
Hywel, king of Deheubarth (south-west
Wales)

Efa ☼

> Hebraeg = bywiog
gwraig Gwalchmai'r bardd, 1150
Efa ferch Madog ap Maredudd, –1160,
merch tywysog Powys. Canodd
Cynddelw iddi
> *Hebrew = lively*
wife of Gwalchmai the poet, –1150
Efa ferch Madog ap Maredudd, –1160,
daughter of the prince of Powys. Cynddelw
sang to her

Efanna ☼

IFANNA

Eflyn ☼

> Hen Almaeneg, Avelina, > Saesneg,
Evelyn neu > Gwyddeleg, Eileen
> *Old German, Avelina, > English, Evelyn*
or > Irish, Eileen

Efnisien ✦

brawd creulon Nisien yn y Mabinogi
cruel brother of Nisien in the Mabinogion

Efrog ✦

brenin chwedlonol Prydain, y ganrif
1af CC
Caer Efrog, Efrog Newydd
king of Britain in fable in the 1st century BC
Caer Efrog = *York*
Efrog Newydd = *New York*

Efydd ✦

Efydd ap Dôn
= *bronze*

Egryn ✦

sant a gysylltir â Llanegryn,
Meirionnydd
a saint associated with Llanegryn,
Meirionnydd

Ehedydd ✦ ☼

HEDYDD
Ehedydd Iâl, William Jones, 1815–99,
bardd
= *skylark*
Ehedydd Iâl, William Jones, 1815–99, poet

Eic ✦

ffurf anwes ar ISAAC
affectionate form of ISAAC

Eidin ✦

Caereidin = Caeredin, canolfan y
milwyr a aeth i Gatraeth (gw. Aneirin)
Caereidin = Edinburgh, base of the
Catraeth (Catterick) warriors (v. Aneirin)

Eiddef ✦

milwr a ymladdodd yng Nghatraeth
a warrior who fought at Catraeth

Eiddig ✦

aidd = eiddgarwch, angerdd
aidd = *zeal, ardour*

Eiddil ✦

= *meek, weak*

Eiddon ✦

aidd = eiddgarwch, angerdd
aidd = *zeal, ardour*

Eiddwen ☼

aidd = angerdd + gwen, neu eiddun =
dymunol
llyn yng Ngheredigion
aidd = *ardour* + gwen = *white, or*
eiddun = *desirable*
a lake in Ceredigion

Eiddyn ✛
EIDDON, EIDIN

Eifion ✛
Eifion ap Dunawd
ŵyr Cunedda, 5ed ganrif
Eifion Wyn, Eliseus Williams,
1867–1926, bardd o Borthmadog
Eifionydd, Gwynedd
grandson of Cunedda, 5th century
Eifion Wyn, Eliseus Willlliams, 1867–1926,
poet from Porthmadog

Eifiona ✪
ffurf fenywaidd ar EIFION
feminine form of EIFION

Eigion ✛
Eigion ap Gwynllyw
= *sea*

Eigon ✛
sant a gysylltir â Llanigon, Powys
a saint associated with Llanigon, Powys

Eigr ✪
= merch brydweddol
merch Amlawdd Wledig a gwraig
Gwrlais, Dug Cernyw ac Uthr
Pendragon, a mam Arthur
= *beautiful girl*
daughter of Amlawdd Wledig and wife of
Gwrlais, Duke of Cornwall and Uthr
Pendragon, and mother of Arthur

Eigra ✪
Eigr

Eilfyw ✛
Elfyn
sant cynnar, cefnder i Dewi Sant o
bosibl. Saesneg, Elvis
ail = *re* + byw = *live*
an early saint, a cousin of St David
possibly. English, Elvis

Eilian ✛
sant a gysylltir â Llaneilian, Ynys Môn
a saint associated with Llaneilian, Ynys
Môn

Eiliona ✪
EILIAN

Eilir ✛ ✪
= iâr fach yr haf, gwanwyn
= *butterfly, spring*

Eiliudd ✛
sant cynnar
an early saint

Eiluned ✪
ELUNED

Eilwen ✪
eil = ail = *alike* + gwen = *white, fair*

Eilwyn ✛
eil = ail = *alike* + gwyn = *white, fair*

Eilyr ✛
EILIR

Einion ✛
Einion Yrth, –420, mab Cunedda
Einion ap Maelgwn Gwynedd
Einion ab Owain ap Hywel Dda, fl. 980
Einion ap Gwalchmai, fl. 1203–23,
bardd
Einion Offeiriad, fl. 1320, lluniodd y
gramadeg Cymraeg cynharaf
Cwm Einion
Caereinion
= *anvil*
Einion Yrth, –420, son of Cunedda
Einion ap Gwalchmai, fl. 1203–23, poet
Einion Offeiriad, fl. 1320, wrote the first
Welsh grammar

Einiona ❁
ffurf fenywaidd ar E<small>INION</small>
feminine form of E<small>INION</small>

Einir ❁
> Lladin, *honora* = enw da,
prydferthwch
> *Latin*, honora = *reputation, beauty*

Einon ✣
E<small>INION</small>

Einudd ✣
tad-cu Madog ap Meredydd
grandfather of Madog ap Meredydd

Eira ❁
= *snow*

Eiral ❁
E<small>IRA</small>

Eirawen ❁
E<small>IRWEN</small>
= *snow-white*

Eirian ✣ ❁
= disglair, gwych
Eirian Davies, 1918–98, bardd
= *splendid, bright*
Eirian Davies, 1918–98, poet

Eirianedd ❁
E<small>IRIAN</small>

Eirianell ❁
E<small>IRIAN</small>

Eiriana ❁
E<small>IRIAN</small>

Eirianwen ❁
eirian = *bright* + gwen = *white, blessed*

Eirias ✣
= *burning, intense*

Eirig ✣
# E<small>URIG</small>
eirig = disglair, rhyfelgar
eirig = *bright, warlike*

Eirioes ❁

Eiriol ❁
= *snowy, to beseech*

Eirlys ❁
= *snowdrop*

Eirios ✣
E<small>IRIAS</small>

Eirug ✣
E<small>IRIG</small>

Eirwen ❁
eira = *snow* + gwen = *white*

Eirwyn ✣
eira = *snow* + gwyn = *white*

Eiry ❁
= *snow*

Eiryl ❁
= *handsome, comely*

Eirys ❁
= *handsome, comely*

Eiryth ❁
E<small>IRYS</small>

Eithinyn ✣
milwr a ymladdodd yng Nghatraeth
eithin = *gorse*
a warrior who fought at Catraeth (Catterick)

Eithwen ❁
E<small>IDDWEN</small>

Elaeth ✢

ar ôl ei guro gan y Sacsoniaid yn y
6^{ed} ganrif, aeth Elaeth Frenin yn fynach
i goleg Seiriol yn Ynys Môn
after being beaten by the Saxons in the
6th century, King Elaeth went to Seiriol's
college in Ynys Môn as a monk

Elai ✢

afon
rhanbarth o Gaerdydd
afon Elái = *river Ely*
district of Cardiff

Elain ☉

= *fawn*

Elan ☉

un o dair merch i Dôn: Gwernen, Elan
a Maelan
enw nentydd yng Ngheredigion,
Maldwyn, Maesyfed a Brycheiniog
Cwm Elan
one of the three daughters of Dôn:
Gwernen, Elan and Maelan
name of streams in Ceredigion, Montgomery,
Radnorshire and Breconshire
Elan Valley

Elanna ☉

ELAN

Elanwen ☉

Elan + gwen = *white*

Eldryd ✢ ☉

ELDRYDD, ALDRYD
Eldryd fab Elgar, brenin y Saeson,
10^{fed} ganrif
Eldryd fab Elgar, king of the Saxons,
10th century

Eldrydd ✢ ☉

ELDRYD, ALDRYD

Elen ☉

HELEN, ELENA
> Groeg, *elenos* = yr un ddisglair
–338, y Santes Helen, merch Coel
cymeriad mewn hen fytholeg Gymreig.
Cysylltir â heolydd Rhufeinig, Sarn
Helen
mam Ymerawdwr Caergystennin, c. 135
eglwys iddi ym Mhrydain
Elen Luyddog, merch Eudaf Hen,
gwraig Macsen Wledig yn Breuddwyd
Macsen, er bod achau'n dynodi ei bod
yn perthyn i genhedlaeth gynharach
Elen Luyddog, gwraig neu fam
Constantius
Elen ferch Llywarch, gwraig Hywel
Dda
> *Greek,* elenos = *the bright one*
–338, Saint Helen, daughter of Coel
character in ancient Welsh mythology.
Associated with Roman roads, Sarn Helen
mother of Emperor of Constantinople, c. 135
churches dedicated to her in Britain
Elen Luyddog, daughter of Eudaf Hen, wife
of Macsen Wledig in Breuddwyd Macsen
(Dream of Macsen), although genealogies
show that she belongs to one generation
earlier
Elen Luyddog, wife or mother of
Constantius
Elen ferch Llywarch, wife of Hywel Dda

Elena ☉

ELEN, ELENID

Elenid ☉

ELENYDD
ardal fynyddig yn Nyfed, tarddiad afon
Elan
mountainous area in Dyfed, source of river
Elan

Elenna ☉

ELENA, ELEN

Elenydd ✿
ELENID

Elera ✿
ELERI

Eleri ✿
MELERI
santes, merch Brychan, 5ed ganrif
afon a chwm, Ceredigion
saint, daughter of Brychan, 5th century
river and valley, Ceredigion

Elerydd ✛
ffurf wrywaidd ar ELERI
masculine version of ELERI

Elfael ✛
rhan o hen Sir Faesyfed
a part of the old Radnorshire

Elfair ✿
el (cryfhaol) + Mair
el (intensifying) + Mair

Elfan ✛
Elfan Powys ap Cyndrwyn

Elfcd ✛
ELFEDD
enw barddol y Parchedig Elfed Lewis,
1860–1953
ardal o gwmpas Leeds
Cynwyl Elfed, Sir Gaerfyrddin
bardic name of the Reverend Elfed Lewis,
1860–1953
area around Leeds
Cynwyl Elfed, Carmarthenshire

Elfedan ✛ ✿

Elfedd ✛
ELFED

Elfodd ✛
–809, Esgob Bangor a fabwysiadodd y
dull Rhufeinig o bennu Sul y Pasg
–809, Bishop of Bangor who adopted the
Roman way of deciding on Easter Sunday

Elfryn ✛
el (cryfhaol/*intensifying*) or
ael = *brow* + bryn = *hill*

Elfrys ✿

Elfydd ✛
brenin cynhanesyddol
prehistoric king

Elfyn ✛
enw barddol Robert Owen Hughes,
1858–1919
Beli fab Elfyn, –721
bardic name of Robert Owen Hughes,
1858–1919
Beli fab Elfyn, –721

Elfyw ✛
EILFYW

Elffin ✛
Elffin ab Urien Rheged
cododd Elffin y baban Taliesin o'r dŵr.
Sonnir am Elffin yn Englynion Beddau
y 9fed a'r 10fed ganrif
Elffin took the baby Taliesin from the water.
Elffin is mentioned in the Stanzas of the
Graves of the 9th and 10th century

Elgan ✛
ELIAN
sonnir amdano yn Englynion Beddau y
9fed a'r 10fed ganrif
el (cryfhaol/*intensifying*) + can = *bright*
mentioned in the Stanzas of the Graves of
the 9th and 10th century

Elgar ✤
el (cryfhaol/*intensifying*) + câr = *love*

Elgi ✤

Elhaearn ✤
AELHAEARN
el (cryfhaol/*intensifying*)
+ haearn = *iron*

Eli ✤
> Hebraeg = uchder
> *Hebrew = height*

Elian ✤
sant cynnar
an early saint

Elias ✤
> Hebraeg = Iehofah yw Duw
John Elias, 1774–1841, gweinidog gyda'r
Methodistiaid
> *Hebrew = Jehovah is God*
John Elias, 1774–1841, minister with the
Methodists

Elidan ☻
ILID
santes a gysylltir â Llanelidan ger
Llangollen
saint associated with Llanelidan near
Llangollen

Elidir ✤
6ed ganrif, tad Llywarch Hen
Elidir Hael, pennaeth o'r Alban
Elidir Mwynfawr, hawliodd reolaeth ar
Wynedd ar ôl marw Maelgwn
Elidir Sais, bardd o Fôn, 12fed–13eg ganrif
6th century, father of Llywarch Hen
Elidir Hael (generous), chief from Scotland
Elidir Mwynfawr (wealthy), claimed rule of
Gwynedd after death of Maelgwn
Elidir Sais, poet from Ynys Môn, 12th –13th
century

Elidyr ✤
ELIDIR

Elin ☻
ELINOR, ELEN

Elina ☻
ELINOR, ELEN, ELENA

Elinor ☻
> Provençal, Alienor, ffurf ar HELEN
> *Provençal, Alienor, a form of* HELEN

Elinwen ☻
Elin + gwen = *white, fair*

Elinwy ☻

Elis ✤
ELIAS
> Hebraeg, Elias = Iehofa yw Duw
Elis Cynfrig, fl. 1580–1620, bardd
Elis Prys, 1512*–95* o Blas Iolyn, aelod
seneddol a swyddog
> *Hebrew, Elijah = Jehovah is God*
Elis Cynfrig, fl. 1580–1620, poet
Elis Prys, 1512–95* from Plas Iolyn,*
member of parliament and official

Elisa ☻
ELISABETH, LISA

Elisabeth ☻
> Hebraeg, Elisheba = mae fy Nuw yn
foddhad
> *Hebrew, Elisheba = my God is*
satisfaction

Elisawndr ✤
> Alexander

Elise ☩
Eliseg
mab Rhodri Mawr
codwyd carreg goffa ger Llangollen i
Elise gan Cyngen
son of Rhodri Mawr
a memorial stone to Elise was erected near
Llangollen by Cyngen

Elisedd ☩
hen-daid Cyngen a achubodd Powys
rhag y Saeson, 11ᵉᵍ ganrif
great-grandfather of Cyngen who saved
Powys from the English, 11ᵗʰ century

Eliseg ☩
Elysteg
brenin ar Bowys yn y 9ᵉᵈ ganrif, y mae
cofgolofn iddo ger Llangollen
king of Powys in the 9ᵗʰ century, a memorial
stone in his honour near Llangollen

Elonwy ☺
Aelonwy

Elora ☺

Elstan ☩
Elystan
Elstan Glodrudd ap Cuhelyn, –933,
pennaeth un o bum llwyth brenhinol
Cymru
Elstan Glodrudd ap Cuhelyn, –933, chief of
one of five royal families of Wales

Elsyn ☩
ffurf anwes ar Elis
affectionate form of Elis

Eluned ☺
# Eiluned, Luned, Lyn
el = llawer + un = dymuniad
hen enw Cymraeg, cymeriad yn y
chwedl Iarlles y Ffynnon, ffurf
Ffrengig, Lynnette

Eluned Morgan, 1870–1938, awdur
el = *many* + un = *desire*
old Welsh name, character in the tale Lady
of the Fountain, French form, Lynnette
Eluned Morgan, 1870–1938, author

Elusen ☩ ☺
= *charity*

Elwen ☺
ffurf fenywaidd ar Elwyn
feminine form of Elwyn

Elwena ☺
Elwen

Elwy ☩
afon yn Sir Ddinbych, tref Llanelwy
a river in Denbighshire
Llanelwy = St Asaph

Elwydd ☩
? el = llawer = *many* + llwydd =
success

Elwyn ☩
Alwyn
el (*intensifying*) + gwyn = *white*

Elydr ☩
Elidir, Elidyr

Elystan ☩
Elstan
> Hen Saesneg, Aethelstan, *aethel* =
bonheddig + *stan* = carreg
> *Old English, Aethelstan,* aethel = *noble*
+ stan = *stone*

Elysteg ☩ ☺
Eliseg

Elli ☺ ☩
disgybl i Cadog, 6ᵉᵈ ganrif, a gysylltir â
Llanelli, dydd gŵyl 23 Ionawr

pupil of Cadog, 6th century, associated with Llanelli, celebrated 23 January

Elliw ☼
un o wragedd llys Arthur yn Culhwch ac Olwen
el *(intensifying)* + lliw = *colour*
one of the ladies of Arthur's court in Culhwch ac Olwen

Ellyw ☼
ELLIW

Emlyn ✛
? > Lladin, Aemilianus
Castell Newydd Emlyn, Ceredigion
? > Latin, Aemilianus
Newcastle Emlyn, Ceredigion

Emrys ✛
> Lladin, Ambrosius, > Groeg = perthyn i anfeidrolion
Emrys Wledig, arweinydd y Brythoniaid, 5ed ganrif, ŵyr i Macsen Wledig
Emrys ap Iwan, Robert Ambrose Jones, 1851–1906, gweinidog, llenor, cenedlaetholwr
Dewi Emrys, David Emrys James, 1881–1952, bardd
> Latin, Ambrosius, > Greek = pertaining to immortals
Emrys Wledig, leader of the Britons, 5th century, grandson of Macsen Wledig
Emrys ap Iwan, Robert Ambrose Jones, 1851–1906, minister, writer, nationalist
Dewi Emrys, David Emrys James, 1881–1952, poet

Emsyl ☼

Emwnt ✛
EDMWND

Emyr ✛
YNYR
= ymerawdwr, brenin
Emyr Llydaw, sant Llydewig a ddaeth i Gymru yn y 6ed ganrif
= emperor, king
Emyr Llydaw, Breton saint who came to Wales in 6th century

Ena ☼
ENID

Endaf ✛
el *(intensifying)* + daf = *good*

Endewyn ✛
ENDDWYN

Enddwyn ✛
el *(intensifying)* + dwyn = *pleasant*

Enfail ☼
ONFAEL, ENFAEL
Enfael ap Deigr ap Dyfnwal Hen ap Ednyfed ap Macsen Wledig

Enfys ☼
= *rainbow*

Eniawn ✛
EINION

Enid ☼
ENIDA, ENA
gwraig Geraint fab Erbin, un o farchogion Arthur
wife of Geraint son of Erbin, one of Arthur's knights

Enida ☼
ENID

Enidwen ☼
Enid + gwen = *white*

Enlli ✚
Ynys Enlli = *Bardsey Island*

Enoc ✚
ENOCH
> Hebraeg = medrus
> *Hebrew = skilled*

Eos ✚ ⚙
= *nightingale*

Ercwlff ✚
> Groeg, Eraceles; > Lladin, Hercules
> *Greek, Erakeles; > Latin, Hercules*

Erddin ✚

Erfyl ✚
sant a gysylltir â Llanerfyl, pentref yn
Sir Drefaldwyn
*a saint associated with Llanerfyl, a village
in Montgomeryshire*

Erin ⚙
ERYN, ERINA
= Iwerddon = *Ireland*

Erina ⚙
ERIN

Ermin ✚
?> Almaeneg, Hermine
?> *German, Hermine*

Erthig ✚
Arth, afon yng Ngheredigion. Cysylltid
yr afon â duwies
arth = bear
*Arth, a river in Ceredigion. The river was
associated with a goddess*

Erwyd ✚
David Erwyd Jenkins, 1864–1937,
hanesydd a gweinidog
Ponterwyd, Ceredigion

*David Erwyd Jenkins, 1864–1937,
historian and minister*

Eryl ✚ ⚙
=? gwylfa, helfa
=? *watch, pursuit*

Eryla ⚙
ERYL

Erylys ⚙
ERYL, EIRLYS

Eryri ✚
= trum
= *eagles, ridge, Snowdonia* ·

Esther ⚙
> Persieg > Hebraeg = myrtwydd
>*Persian > Hebrew = myrtle*

Esyllt ⚙
= yr hon y syllir arni neu
> Hen Almaeneg, *is* = iâ + *vald* =
teyrnasiad
Isolde, cariad Trystan yn y chwedl
Trystan ac Esyllt
Esyllt merch Cynan Dindaethwy,
fl. 800, mam neu wraig Merfyn Frych
= *who is gazed at or*
> *Old German, is = ice +* vald = *rule*
*Isolde, Trystan's lover in the tale Trystan ac
Esyllt*
*Esyllt merch Cynan Dindaethwy, fl. 800,
mother or wife of Merfyn Frych*

Ethel ⚙
> Hen Almaeneg, Athala
>*Hen Saesneg,* aethel = bonheddig
> *Old German, Athala*
>*Old English,* aethel = *noble*

Ethelwen ⚙
Ethel + gwen = *white*

Ethellt ✪
ESYLLT, ETHEL, ETHYLLT

Ethni ✪
Ethni Wyddeles, arwres mewn
chwedloniaeth Wyddeleg
mam Melangell, nawddsant yr
ysgyfarnogod
*Ethni Wyddeles (Irish woman), heroine in
Irish mythology*
mother of Melangell, patron saint of hares

Ethyllt ✪
ESYLLT
merch Cynan Dindaethwy, mam
Merfyn Frych
*daughter of Cynan Dindaethwy, mother of
Merfyn Frych*

Eudaf ✢
mab Caradog ap Brân
son of Caradog ap Brân

Euddogwy ✢
sant, fl. 6ed ganrif, dydd gŵyl
2 Gorffennaf
saint, fl. 6th century, celebrated 2 July

Eugrad ✢
sant cynnar, brawd Gildas
Llaneugrad, Ynys Môn
an early saint, brother of Gildas
Llaneugrad, Ynys Môn

Eulfwyn ✪
mwyn = *gentle*

Eunydd ✢
un o blant y dduwies Dôn
one of the children of the goddess Dôn

Eurddolen ✪
aur = *gold* + dolen = *link*

Eurddyl ✪
chwaer Urien, pennaeth yr Hen
Ogledd
sister of Urien, ruler of the Old North

Eurddyled ✪
aur = *gold* + dyled = *debt*

Eurfin ✢ ✪
aur = *gold* + min = *lips, border*

Eurfron ✪
aur = *gold* + bron = *breast*

Eurfryn ✢
aur = *gold* + bryn = *hill*

Eurfyl ✢
# ERFYL, GWERFYL
aur = *gold*

Eurgain ✢ ✪
Eurgain ferch Maelgwn Gwynedd
Eurgain, gwraig Elidir Mwynfawr
Llaneurgain, Sir Y Fflint
aur = *gold* + cain = *beautiful*
Eurgain, wife of Elidir Mwynfawr
Llaneurgain (Northop), Flintshire

Euriana ✪
# EIRIAN
aur = *gold*

Eurig ✢
# EIRIG
eirig = disglair = *bright*, aur = *gold*

Eurion ✢
aur = *gold*

Euriona ✪
aur = *gold*

Eurliw ✢ ✪
aur = *gold* + lliw = *colour*

Eurof +
aur = *gold* + gof = *smith*

Eurolwyn ☺
cymeriad yn chwedl Culhwch ac
Olwen
aur = *gold* + olwyn = *wheel*
a character in the tale of Culhwch ac Olwen

Euron ☺
cariad Iolo Goch, 14ᵉᵍ ganrif
aur = *gold*
beloved of Iolo Goch, 14th century poet

Euronwy ☺
Euronwy ferch Clydno Eiddyn
un o dair hudoles Ynys Prydain
one of the three enchantresses of the Isle of
Britain

Euros +
blodau'r haul = *sunflowers*
aur = *gold*

Euroswen ☺
euros + gwen = *white*

Euroswy ☺
euros – blodau'r haul – *sunflowers*

Euroswydd +
tad Nisien ac Efnisien yn y Mabinogi
aur = *gold* + oswydd = *enemy or* rhos =
heath + gwŷdd = *trees*
father of Nisien and Efnisien in the
Mabinogion

Eurwel +
aur = *gold* + ? gweld = *sight*

Eurwen ☺
# EIRWEN
aur = *gold* + gwen = *white*

Eurwyn +
# EIRWYN
aur = *gold* + gwyn = *white*

Eurydd +
aur = *gold* + ydd *(masculine ending)*

Euryl ☺
ERYL, EURYN
aur + ? Gwyddeleg, *geal* = llachar
aur = *gold* + ? *Irish*, geal = *bright*

Euryn +
= *piece of gold, darling*

Eurys ☺ +
aur = *gold*
English, Iris

Ewig ☺
= *roe deer*

Ewyndon +
ewyn = *foam* + ton = *wave*

F

Faleiry ☼
\# Falyri

Falmai ☼
? afal = *apple* + Mai = *May, mayflower*

Falyri ☼
> Lladin, Valeria, Saesneg, Valerie
> *Latin, Valeria, English, Valerie*

Fanw ☼
\# Myfanwy

ferch = *daughter (of)*

Fioled ☼
= Violet

Fychan ✛
= *small, younger, Vaughan*

FF

Ffagan ✛
sant cynnar, cenhadwr Rhufeinig o'r
2il ganrif
Sain Ffagan, ger Caerdydd
early saint, Roman missionary of 2nd century
St Fagans, near Cardiff

Ffestin ✛
Ffestiniog, Meirionnydd

Ffinian ✛
sant o'r 6ed ganrif, Gwyddel, myfyriwr
yn Llancarfan
6th century saint, Irishman, pupil at
Llancarfan

Ffion ☼
> Gwyddeleg, *fionn* = golau, gwyn,
ffion = bysedd y cŵn
> *Irish, fionn* = *fair, white*
ffion = *foxglove*

Ffiona ☼
\# Ffion

Fflamddwyn ✛
= daliwr y fflam
canodd Taliesin amdano, ymladdodd
Owain ac Urien yn ei erbyn
= *flame bearer*
Taliesin sang about him, Owain and Urien
fought against him

Fflur ☼
cariad Caswallon a Iŵl Cesar
merch Gweirydd ap Seisyllt, –1150
Ystrad Fflur
= *flowers*

lover of Caswallon and Julius Caesar
daughter of Gweirydd ap Seisyllt, –1150
Ystrad Fflur = *Strata Florida*

Ffolan ✠ ✿
FFOLANT

Ffolant ✠
> Lladin, Valens = cryf, VALENTINE
> *Latin, Valens = strong, VALENTINE*

Ffowc ✠
Ffowc Llwyd, fl. 1580–1620, bardd ac
ysgwier o Ddinbych
Ffowc Llwyd, fl. 1580–1620, poet and
squire from Denbigh

Ffraid ✿
BRAINT
santes Wyddelig, Brigid, nawddsant
barddoniaeth a dysg, iacháu a chrefft
Llansanffraid, Ceredigion
Irish saint, Brigid, patron saint of poetry,
learning, healing and craft

Ffranc ✠
= milwr cyflogedig llys pennaeth
Cymreig, hefyd > FFRANSIS
= *mercenary soldier of Welsh chief's court,*
also form of FRANK > FRANCIS

Ffrancon ✠
Nant Ffrancon, Gwynedd

Ffransis ✠
> Lladin, Fransiscus = Ffrancwr
> *Latin, Fransiscus = Frenchman*

Ffreuer ✿
Ffreuer ferch Cyndrwyn, chwaer
Heledd, tywysoges o Bowys
Ffreuer ferch Cyndrwyn, sister of Heledd,
princess from Powys

Ffuonwen ✿
FFION, FFIONWEN

G

Gaenor ✿
GEINOR, GWENHWYFAR

Gafin ✠
GAFYN, GAWAIN
>? Hen Almaeneg, Gawin = ardal o dir
>? *Old German, Gawin = area of land*

Gafran ✠

Gafyn ✠
GAFIN, GAWAIN

Gaianydd ✠

Galâth ✠
GALAHAD, GILEAD
mab Lawnslod, marchog a chwiliodd
am y Greal Sanctaidd
son of Lancelot, a knight who searched for
the Holy Grail

Garan ✠
= *heron*

Garel ✠
? câr = *love*

Garem ✠
? garw = *rough* or câr = *love* + gem =
diamond

Gareth ✠
GERAINT, GARTH
? gwaraidd = *civilized*

Garin ✠
GARAN

Garmon ✛
> Lladin, Germanus = Almaenwr
daeth Germanus sant i Brydain yn 428 i
amddiffyn y gwareiddiad Rhufeinig yn
erbyn Gwrtheyrn
nawddsant Powys
> *Latin, Germanus = German*
Germanus the saint came to Britain in 428
to defend the Roman civilization against
Gwrtheyrn
patron Saint of Powys

Garn ✛
= *rock, stone*

Garnon ✛
#? Garmon

Garod ✛
Gerallt

Garth ✛
# Gareth
garth = *hill, wood*

Garwen ☻
merch Hennin, cyfeirir ati yn Englynion
Beddau y 9fed–10fed ganrif
un o dair meistres y Brenin Arthur
? gar =coes = *leg* + gwen = *white*
daughter of Hennin, mentioned in the
Stanzas of the Graves of the 9th –10th
century
one of King Arthur's three mistresses

Garwy ✛
carwr enwog, tad Indeg
a well-known lover, father of Indeg

Garwyn ✛
Carwyn
Cynan Garwyn, brenin Powys y canodd
Taliesin iddo yn y 6ed ganrif
gar = coes = *leg* + gwyn = *white*
Cynan Garwyn, king of Powys to whom
Taliesin sang in the 6th century

Gawain ✛
Gwalchmai
> Gwalchwyn neu > Hen Almaeneg,
Gawin = ardal o dir
arwr yn chwedlau Arthur
> *Gwalchwyn = white hawk, or*
> *Old German, Gawin = district of land*
hero of Arthurian legends

Gawen ✛
Gawain

Gaynor ☺
Gaenor, Geinor, Gwenhwyfar

Geinor ☺
Gwenhwyfar

Gellan ✛
Cellan
bardd a thelynor yn yr 11ed ganrif
a poet and harpist in the 11th century

Generys ☺
un o gariadon Hywel ab Owain
Gwynedd yn y 12fed ganrif
love of Hywel ab Owain Gwynedd in the
12th century

Geraint ✛
> Groeg, *geron* = hen
> Lladin, Gerontius
chwedl ganoloesol Geraint fab Erbin
neu Geraint ac Enid a milwr yng
Nghatraeth
mae gan Llywarch Hen gerdd iddo
> *Greek, geron = old*
> *Latin, Gerontius*
tale of the middle ages, Geraint fab Erbin or
Geraint and Enid, and a soldier at Catraeth
Llywarch Hen has a poem to him

Gerallt ✣
> Hen Almaeneg, Gairovald, *ger* =
gwayw + *vald* = teyrnasiad, GERALD
Gerallt Gymro, 1146*–1223, ganed ym
Maenorbŷr, mab Angharad ac ŵyr i
Nest merch Rhys ap Tewdwr; aeth ar
daith o gwmpas Cymru gyda'r
archesgob Baldwin
> *Old German, Gairovald, ger = spear +
vald = rule, GERALD
Gerallt Gymro = Gerald the Welshman,
1146*–1223, born at Manorbier,
Pembrokeshire, son of Angharad, grandson
of Nest, daughter of Rhys ap Tewdwr, went
on journey around Wales with archbishop
Baldwin*

Gereint ✣
GERAINT

Gerran ✣

Gerson ✣
>Hebraeg, mab hynaf Lefi. Cymysgir
yr enw weithiau â Gersom, plentyn
cyntaf Moses a Seffora.
> *Hebrew, eldest son of Levi. The name is
sometimes seen ar Gershom, the first child
of Moses and Zippora.*

Gerwyn ✣
mab Brychan Brycheiniog, 5^{ed} ganrif
garw = *rough* +gwyn = *white*
son of Brychan Brycheiniog, 5th century

Gethan ✣
GETHIN

Gethin ✣
Rhys Gethin, un o swyddogion Owain
Glyn Dŵr
Ieuan Gethin, fl. 1450, bardd
Gethin Davies, 1846–96, gweinidog a
phrifathro coleg y Bedyddwyr
cethin = tywyll, rhyddgoch = *dark,*

*russet, dusky
Rhys Gethin was one of Owain Glyn Dŵr's
lieutenants
Ieuan Gethin, fl. 1450, poet
Gethin Davies, 1846–96, minister and
principal of Baptist college*

Geufronwen ✪
bron = *breast* + gwyn = *white*

Gildas ✣
516–570, hanesydd, cydoeswr â Dewi
Sant
*516–570, historian, a contemporary of
St David*

Gilfaethwy ✣
mab Dôn, cymeriad yn chwedl Math
fab Mathonwy
*son of Dôn, mentioned in the tale of Math
fab Mathonwy*

Gladys ✪
GWLADYS

Glain ✪
= *jewel, gem*

Glandeg ✣ ✪
glân = *clean* + teg = *fair*

Glandon ✣
glan = *clean or bank* + ton = *wave*

Glanffrwd ✣
enw barddol William Thomas,
hanesydd, 1843–90 o Ynys-y-bŵl,
Morgannwg
glan= *bank or* glân = *clean* + ffrwd =
*stream
bardic name of William Thomas, historian,
1843–90 from Ynys-y-bŵl, Glamorgan*

Glanli ✣
glân = *clean* + lli = *stream*

Glanmor ✢
Glanmor, John Williams, 1811–91, hynafiaethydd o'r Rhyl
Glanmor Williams, hanesydd o Ddowlais
glan = *bank or* glân = *clean* + môr = *sea or* mawr = *great*
Glanmor, John Williams, 1811–91, antiquary from Rhyl
Glanmor Williams, historian from Dowlais

Glannant ✢
glan = *bank* + nant = *stream*

Glasfryn ✢
glas = *green* + bryn = *hill*

Glasiad ✢
glas = *blue*

Glaslyn ✢ ✪
Aberglaslyn, Gwynedd
glas = *blue, green* + llyn = *lake*

Glasnant ✢
glas = *blue, green* + nant = *stream*

Glasynys ✢
glas = *blue* + ynys = *island*
enw barddol Owen Wynne Jones, 1828–70, bardd a storïwr
bardic name of Owen Wynne Jones, 1828–70, poet and writer

Glenda ✪
GWENDA
? Americanaidd
? glyn = *vale* + da = *good*
? *American origin*

Glenfil ✢
> Glanville

Glenwen ✪
? glyn = *vale* + gwen = *white*

Glenwyn ✢
? glyn = *vale* + gwyn = *white*

Glenydd ✢

Glenys ✪
glyn = *vale*

Glesig ✪
crybwyllir yn chwedl Culhwch ac Olwen
glas = *blue, fresh*
mentioned in Culhwch ac Olwen

Glesni ✪
= *blueness, freshness*

Gloyw ✢
= *bright*
Gloyw ferch Brychan
Caerloyw = *Gloucester*

Glwyddyn ✢
adeiladwr llys Arthur
? gloyw = *bright* + dyn = *man*
builder of Arthur's hall

Glwys ✪
= *fair, beautiful, holy*

Glyn ✢
= *vale*

Glyna ✪
ffurf fenywaidd ar GLYN
feminine form of GLYN

Glyndŵr ✢
Owain Glyn Dŵr, 1353–1416*, Tywysog Cymru a sefydlodd seneddau Cymreig, arwr mwyaf hanes Cymru
glyn = *vale* + dŵr = *water*, Glyn Dyfrdwy = *Vale of Dee*
Owain Glyn Dŵr, 1353–1416, Prince of Wales who established Welsh parliaments, greatest hero of Welsh history*

Glyneth ✪
GWYNETH

Glyngwyn ✛
glyn = *vale* + gwyn = *white*

Glynis ✪
ffurf fenywaidd ar Glyn
feminine form of Glyn

Glynog ✛
# CLYNNOG
glyn = *vale*

Glynwen ✪
glyn = *vale or short for* Glyn Dŵr +
gwen = *white*

Glynys ✪
ffurf fenywaidd ar Glyn
feminine form of Glyn

Glythen ✪

Glywys ✛
fl. 530, brenin talaith Glywysing
(Morgannwg), tad Gwynllwg a thad-cu
Cadog
*fl. 530, king of Glywysing (Glamorgan),
father of Gwynllwg and grandfather of
Cadog*

Goewin ✪
GOEWYN

Goewyn ✪
morwyn Math yn y Mabinogi
gohoyw = *sprightly*
maid of Math in the Mabinogion

Gofan ✛
GAWAIN
Sain Gawain, Sir Benfro
St Gowain, Pembrokeshire

Gofannon ✛
duw y gofaint, yn cyfateb i dduw Iau,
brawd Arianrhod
*god of blacksmiths, equivalent of Jupiter,
brother of Arianrhod*

Goleu ✪
Goleu ferch Brychan

Goleubryd ✪
golau = *light* + bryd = *countenance*

Goleuddydd ✪
merch Amlawdd Wledig, mam
Culhwch yn y chwedl Culhwch ac
Olwen
merch Brychan, 5ed ganrif
golau = *light* + dydd = *day*
*daughter of Amlawdd Wledig, mother of
Culhwch in the tale Culhwch ac Olwen
daughter of Brychan, 5th century*

Golystan ✛
milwr a fu yng Nghatraeth
a warrior who fought at Catraeth

Gomer ✛
ŵyr Noa, yn ôl traddodiad yn gyndad y
Cymry
enw barddol Joseph Harris, 1773–1825,
gweinidog a llenor
Capel Gomer, Abertawe
*grandson of Noah, according to tradition an
ancestor of the Welsh
bardic name of Joseph Harris, 1773–1825,
minister and writer
Capel Gomer, Swansea*

Goronw ✛
GORONWY, GRONW
Goronw ap Cadwgan, 11eg ganrif
Goronw ap Cadwgan, 11th century

Goronwy ✣
Goronw, Gronw, Ronw, Gronwy
Goronwy Gyriog, fl. 1310–60, bardd o
Fôn
Goronwy Owen, 1723–69, clerigwr a
bardd
*Goronwy Gyriog, fl. 1310–60, poet from
Ynys Môn*
*Goronwy Owen, 1723–69, clergyman and
poet*

Gorthyn ✣
milwr a ganmolir gan Aneirin
a warrior praised by Aneirin

Gorwel ✣
= horizon

Graid ✣
= gwres, angerdd
milwr a ganmolir gan Aneirin
= *heat, ardour*
a warrior praised by Aneirin

Gredifael ✣
sant a gysylltir ag eglwys ym
Mhenmynydd, Ynys Môn
*a saint associated with the church at
Penmynydd, Ynys Môn*

Greidawl ✣
greidiol = gwresog, brwd
tad Gwythyr, yn chwedl Culhwch ac
Olwen
*greidiol = warm, ardent
father of Gwythyr in the tale of 'Culhwch
and Olwen'*

Greta ✤
Marged

Griff ✣
Gruff, Gruffudd

Griffri ✣
Gruffudd
Griffri fab Cyngen, 9ᶠᵉᵈ ganrif
Griffri fab Cyngen, 9ᵗʰ century

Grigor ✣
> Groeg = bod yn wyliadwrus; ffurf ar
Gregory
> *Greek = to be watchful; form of Gregory*

Grisial ✤
Crisial
> Saesneg canol, cristal
> *Middle English, cristal*
= *crystal*

Grono ✣
Gronw, Goronwy

Gronw ✣
Goronwy
Gronw ap Tudur o Fôn, –1331
Gronw Pebr, cariad Blodeuwedd,
arglwydd Penllyn yn y Mabinogi
*Gronw ap Tudur o Fôn (from Anglesey),
–1331*
*Gronw Pebr, lover of Blodeuwedd, lord of
Penllyn in the Mabinogion*

Gruff ✣
Gruffudd

Gruffudd ✣
grip = cryf + udd = arglwydd
Gruffudd ap Beli
Gruffudd ap Llywelyn, –1063, brenin
Gwynedd a Phowys a Chymru
Gruffudd ap Cynan, 1055–1137, brenin
Gwynedd
Gruffudd ap Rhys, –1201, tywysog
Deheubarth
Gruffudd ap Llywelyn, –1244, tywysog
Gogledd Cymru, mab Llywelyn Fawr,
tad Llywelyn Ein Llyw Olaf
Gruffudd Gryg, bardd o Fôn, 14ᵉᵍ ganrif

Geraint Evans

Griffith Jones

Owain Glyndŵr

Gwenallt

Gwynfor Evans

Geraint Jarman

BRO DWYFOR

Gerallt Lloyd Owen

Gruffudd Hiraethog, –1564, bardd ac achyddwr
grip = *strong* + udd = *lord*
Gruffudd ap Llywelyn, –1063, king of Gwynedd and Powys and Wales
Gruffudd ap Cynan, 1055–1137, king of Gwynedd
Gruffudd ap Rhys, –1201, prince of south-west Wales
Gruffudd ap Llywelyn, –1244, prince of North Wales, son of Llywelyn the Great, father of Llywelyn The Last
Gruffudd Gryg, poet from Ynys Môn, 14th century
Gruffudd Hiraethog, –1564, poet and linealogist

Gruffydd ✤
Gruffudd
Gruffydd Robert, 1522*–1610, bardd, offeiriad, gramadegydd
Gruffydd Robert 1522–1610, poet, clergyman, grammarian*

Grug ○
= *heather*

Grugwyn ✤
grug = *heather* + gwyn = *white*

Gurnos ✤
Gurnos, Ystalyfera

Gurnoswen ○
Gurnos + gwen = *white*

Gurwen ○
Gwauncaegurwen, Glamorgan

Gurwyn ✤
ffurf wrywaidd ar Gurwen
masculine form of Gurwen

Guto ✤
ffurf anwes ar Gruffudd
Guto'r Glyn, 1440–93, bardd
Guto Nyth Brân (Griffith Morgan), 1700–37, rhedwr a gladdwyd yn Llanwynno, Morgannwg
affectionate form of Gruffudd
Guto'r Glyn, 1440–93, poet
Guto Nyth Brân (Griffith Morgan), 1700–37, runner, buried at Llanwynno, Glamorgan

Gutun ✤
Gutyn, Gruffudd
ffurf anwes ar Gruffudd
Gutun Owain, Gruffudd ap Huw ab Owain, uchelwr, ysgolhaig, bardd, ger Croesoswallt, 15[fed] ganrif
affectionate form of Gruffudd
Gutun Owain, Gruffudd ap Huw ab Owain, nobleman, scholar, poet from near Oswestry, 15th century

Gutyn ✤
Gutun

Gwair ○ ✤
marchog yn y chwedl Arthuraidd
a knight in Arthurian legend

Gwalchgwyn ✤
# Gawain
gwalch = *falcon* + gwyn = *white*

Gwalchmai ✤
Gawain
Gwalchmai ap Gwyar, enwir yn Breuddwyd Rhonabwy
Gwalchmai ap Meilyr, fl. 1130–80, bardd o Fôn, un o'r Gogynfeirdd cynharaf, bardd i Owain, tywysog Gwynedd
Gwalchmai, Ynys Môn
gwalch = *falcon* + mai = *flat land*
Gwalchmai ap Gwyar, mentioned in Dream of Rhonabwy

*Gwalchmai ap Meilyr, fl. 1130–80, poet
from Ynys Môn, one of the earliest poets of
the princes, poet to Owain, prince of
Gwynedd
Gwalchmai, Ynys Môn*

Gwalia ✵

= *Wales*

Gwallawg ✛

GWALLOG

brenin a ymladdodd gydag Urien,
canodd Taliesin iddo, 6ᵉᵈ ganrif
*king who fought with Urien, Taliesin sang
to him, 6ᵗʰ century*

Gwallog ✛

GWALLAWG

Gwallter ✛

> Hen Almaeneg, Waldhar, *vald* =
arglwyddiaeth + *harja* = pobl. # WALTER
Gwallter Mechain, enw barddol Walter
Davies, 1761–1849, offeiriad, bardd,
hynafiaethydd
> *Old German, Waldhar,* vald = *rule,* +
harja = *people. Equivalent of* WALTER
*Gwallter Mechain, bardic name of Walter
Davies, 1761 1849, clergyman, poet,
antiquarian*

Gwanwyn ✛ ✵

= *spring*

Gwarnant ✛

GARNANT

garw = *rough* + nant = *stream*

Gwarthen ✛

Gwarthen ap Dunawd, sant cynnar, un
o sylfaenwyr Bangor Is-coed
*Gwarthen ap Dunawd, early saint, one of
the founders of Bangor Is-coed*

Gwarwen ✵

gwar = *nape* + gwen = *white*

Gwatcyn ✛

WATCYN

Gwaun ✛

= *heath*

Gwaunli ✵

gwaun = *heath* + lli = *stream*

Gwaunydd ✛

GWEUNYDD, GWEINYDD

Gwawl ✛ ✵

Gwawl ferch Coel, gwraig (neu fam)
Cunedda Wledig
y gŵr y mae'n rhaid i Rhiannon ei
briodi yn erbyn ei hewyllys yn y
Mabinogi
= *light*
*Gwawl ferch Coel, wife (or mother) of
Cunedda Wledig
the man whom Rhiannon must marry
against her will in the Mabinogion*

Gwawr ✵

merch Brychan, mam Llywarch Hen,
fl. 500
gwraig Elidir Lydanwyn, 490*
Gwawr ferch Ceredig, gwraig Glywys
Gwawr ap Llywarch Hen
= *dawn, hue*
*daughter of Brychan, mother of Llywarch
Hen, fl. 500
wife of Elidir Lydanwyn, 490*
Gwawr ferch Ceredig, wife of Glywys*

Gwawrddur ✛

milwr a laddwyd yng Nghatraeth
a soldier killed at Catraeth

Gwawrddydd ✵

Gwawrddydd ferch Brychan, santes,
600*
gwawr = *dawn* + dydd = *day*
Gwawrddydd ferch Brychan, saint, 600

Gwawrwen ✪
gwawr = *dawn* + gwen = *white*

Gwefrig ✛
nant ym Mhowys
a stream in Powys

Gwefrwawr ✛
milwr yng Nghatraeth
gwefr = *thrill* + gwawr = *dawn*
a warrior at Catraeth

Gweinydd ✛
= *servant, provider*

Gweirfyl ✪
GWERFYL
un o gariadon Hywel ab Owain
Gwynedd
*one of the loves of Hywel ab Owain
Gwynedd*

Gweirydd ✛
brawd Gwalchmai yn Breuddwyd
Rhonabwy
Gweirydd ap Rhys, 1807–89, hanesydd
a bardd o Fôn
*brother of Gwalchmai in Breuddwyd
Rhonabwy
Gweirydd ap Rhys, 1807–89, historian and
poet from Ynys Môn*

Gweiryl ✪
GWERFYL

Gwelo ✪

Gwen ✪
Gwen ferch Brychan
Gwen ferch Cunedda Wledig
= *white, blessed*

Gwên ✛
yr olaf o 24 mab Llywarch Hen
= *smile*

*the last of the twenty-four sons of Llywarch
Hen*

Gwenabwy ✛
GWERNABWY

Gwenallt ✛
D Gwenallt Jones, 1899–1968, un o
feirdd mwya'r 20[fed] ganrif, o'r Alltwen,
Morgannwg
gwen = *white* + allt = *hill*
*D Gwenallt Jones, 1899–1968, one of the
greatest poets of the 20th century, from
Alltwen, Glamorgan*

Gwenan ✪
GWEN, GWENNAN

Gwenant ✪
gwen = *white* + nant = *stream*

Gwenau ✛
= *smiles*

Gwenda ✪
ffurf anwes ar GWENDOLEN
gwen = *white* + da = *good*
affectionate form of GWENDOLEN

Gwendolen ✪
# GWENDDOLEU, GWENDOLYN, GWEN
gwen = *white* + ? dolen = *link*

Gwendolena ✪
GWENDOLEN

Gwendolyn ✪
GWENDOLEN

Gwendraeth ✪
enw dwy afon yn Sir Gaerfyrddin
name of two rivers in Carmarthenshire

Gwenddolau ✤ ☺
GWENDDOLEU, GWENDOLEN
enw sant a noddwr Myrddin
pennaeth yn yr Hen Ogledd, 6ed ganrif
*saint's name and protector of Merlin
a chief in the Old North, 6th century*

Gwenddydd ☺
chwaer neu fam Myrddin Emrys,
6ed ganrif
santes a merch Brychan, yn gysylltiedig
â Chapel Gwenddydd, Nanhyfer
gwen = *white* + dydd = *day*
*sister or mother of Myrddin Emrys,
6th century
saint and daughter of Brychan, associated
with Capel Gwenddydd, Nevern*

Gweneira ☺
gwen = *white* + eira = *snow*

Gwener ☺
= *Friday, Venus*

Gweneth ☺
# GWENITH
gwen = *white* + geneth = *girl*

Gweneurys ☺

Gwenfair ☺
gwen = *blessed* + Mair = *Mary*

Gwenfil ☺
GWENFYL

Gwenfor ☺
gwen = *white* + mawr = *great*

Gwenfrewi ☺
Gwenfrewi ferch Brychan, santes o'r
7fed ganrif a gysylltir â gogledd-
ddwyrain Cymru. Perthyn i Beuno.
Seisnigwyd yn WINIFRED, dydd gŵyl
3 Tachwedd. Cysylltir â Threffynnon

*Gwenfrewi ferch Brychan, saint of 7th
century, associated with north-east Wales.
Related to Beuno. Anglicized as WINIFRED,
celebrated 3 November. Associated with
Holywell*

Gwenfron ☺
gwen = *white* + bron = *breast*

Gwenfydd ☺

Gwenfyl ☺
merch Brychan, a gysylltir â Chapel
Gwenfyl, Ceredigion
*a daughter of Brychan, associated with
Capel Gwenfyl, Ceredigion*

Gwenffrwd ☺
Gwenffrwd, enw barddol Thomas
Lloyd Jones, 1810–34, bardd
gwen = *white* + ffrwd = *stream*
*Gwenffrwd, bardic name of Thomas Lloyd
Jones, 1810–34, poet*

Gwenhwyfar ☺
GEINOR, GWEN
= ysbryd golau, santaidd, neu Gwen yr
un fawr
gwraig Arthur yn y chwedlau;
seisnigwyd yn Jennifer
= *fair, holy spirit or Gwen the great
wife of Arthur in the legends; anglicized as
Jennifer*

Gwenifer ☺
GWENHWYFAR

Gwenith ☺
= *wheat*

Gwenlais ☺
gwen = *white* + llais = *voice or* glais =
stream

Gwenlyn ✛
Gwenlyn Parry, 1932–91, dramodydd
gwen =*white* + glyn = *vale or llyn =
lake, or from* LUNED
Gwenlyn Parry, 1932–91, playwright

Gwenlli ☉
gwen = *white* + lli = *stream*

Gwenllian ☉
Gwenllian ferch Gruffudd ap Cynan ac
Angharad, mam yr Arglwydd Rhys yn
y 12ᶠᵉᵈ ganrif. Arweiniodd gyrch yn
erbyn y Normaniaid yng Nghydweli a
chael ei lladd, –1136. Maes Gwenllian
heddiw
Gwenllian ferch Owain Gwynedd
gwen = *white* + lliant = *stream, flow, sea*
*Gwenllian daughter of Gruffudd ap Cynan
and Angharad, mother of Lord Rhys in 12ᵗʰ
century. She led an attack on the Normans
in Kydwelly and was killed, –1136. Maes
Gwenllian (field of Gwenllian) today*

Gwenlliant ☉
GWENLLIAN
cymeriad yn Culhwch ac Olwen
un o gariadon Hywel ab Owain
Gwynedd
*character in Culhwch ac Olwen
one of the loves of Hywel ab Owain
Gwynedd*

Gwenlliw ☉
gwen = *white* + lliw = *colour*

Gwennael ☉
gwen = *white* + ael = *brow*

Gwennan ☉
GWENNAN
merch Brychan
gwen = *white* + nant = *stream*
daughter of Brychan

Gwennant ☉
gwen = *white* + nant = *stream*

Gwenno ☉
ffurf anwes ar GWEN
affectionate form of GWEN

Gwennol ☉
= *swallow*

Gwennys ☉
gwen = *white*

Gwenog ☉
santes a gysylltir â Llanwenog,
Ceredigion
*saint associated with Llanwenog,
Ceredigion*

Gwenogfryn ✛
John Gwenogfryn Evans, 1852–1930,
gweinidog Undodaidd, ysgolhaig o
Lanwenog, Ceredigion
gwenog = *smiling* + bryn = *hill*
*John Gwenogfryn Evans, 1852–1930,
Unitarian minister, scholar from
Llanwenog, Ceredigion*

Gwenonwy ☉
= lili'r maes
merch Ifor Hael, fl. 1360
= *lily of the valley
daughter of Ifor Hael, fl. 1360*

Gwent ✛
de-ddwyrain Cymru
south-east Wales

Gwenwynwyn ✛
Gwenwynwyn, mab Owain Cyfeiliog a
Gwenllian ferch Owain Gwynedd,
arglwydd Powys, –1216
*Gwenwynwyn, son of Owain Cyfeiliog and
Gwenllian daughter of Owain Gwynedd,
lord of Powys, –1216*

Gwenydd ✿
= awen, llawenydd
= muse, joy

Gwenynen ✿
Gwenynen Gwent, Arglwyddes
Llanofer, 1802–96
= bee
Gwenynen Gwent, Lady Llanover, 1802–96

Gwenyth ✿
GWENITH

Gwerful ✿
GWERFYL, GWEIRYL, GWEIRFYL, GWEURFYL
Gwerful Mechain, bardd o Bowys,
15ᶠᵉᵈ ganrif
Gwerful Goch, merch Cynan ab Owain
Gwynedd
Betws Gwerful Goch, Meirionnydd
Gwerful Mechain, poet from Powys,
15th century
Gwerful Goch, daughter of Cynan ab
Owain Gwynedd

Gwerfyl ✿
GWEIRYL, GWEIRFYL, GWERFUL, GWEURFYL
un o gariadon Hywel ab Owain
Gwynedd, bardd o'r 12ᶠᵉᵈ ganrif
one of the loves of Hywel ab Owain
Gwynedd, 12th century

Gwern ✛
mab Branwen a Matholwch, yn y
Mabinogi
= alder
son of Branwen and Matholwch in the
Mabinogion

Gwernabwy ✛
milwr yng Nghatraeth
Eryr Gwernabwy mewn chwedlau
a soldier who fought in Catraeth (Catterick)
Eryr (eagle) of Gwernabwy featured in tales

Gwernan ✿
GWERNEN

Gwernen ✿ ✛
un o ferched Dôn
Gwernen fab Clyddno, bardd o'r
13ᵉᵍ ganrif
one of the daughters of Dôn
Gwernen fab Clyddno, 13th century poet

Gwernfab ✛
= son of Gwern

Gwernfyl ✿
GWERN

Gwernos ✛
GWERN

Gwernydd ✛
GWERN

Gwestyl ✛
? gwystl = *hostage*

Gwesyn ✛
Rhys Gwesyn Jones, 1826–1901,
gweinidog o Abergwesyn
afon ym Mhowys
Abergwesyn
Rhys Gwesyn Jones, 1826–1901, minister
from Abergwesyn
a river in Powys

Gweunydd ✛ ✿
gwaun = *moor*

Gweurfyl ✿
GWERFYL, GWEIRYL
Gweurfyl ferch Owain Cyfeiliog

Gweuril ✛ ✿
GWERFYL

Gwgan ✛
Gwgon
Gwgan fab Meurig, –871, brenin
Ceredigion
Gwgan fab Meurig, –871, king of Ceredigion

Gwgawn ✛
Gwgan
Gwgawn Gleddyfrudd, –871, brenin
Ceredigion
*Gwgawn Gleddyfrudd (red sword), –871,
king of Ceredigion*

Gwgon ✛
Gwgan, Gwgawn
Gwgon o Lŷn, tad Cynddelw
bardd, fl. 1240
*Gwgon of Llŷn, father of Cynddelw
poet, fl. 1240*

Gwidol ✛
Gwydol
Gwidol ap Dyfnwal Hen

Gwili ✛
Gwilym
enw barddol John Gwili Jenkins,
1872–1936, Archdderwydd Cymru,
diwinydd, llenor
afon yn Nyfed yn llifo i'r Tywi
Abergwili
*bardic name of John Gwili Jenkins, 1872–
1936, Archdruid of Wales, theologist, writer
a river in Dyfed, flowing into Tywi*

Gwilma ⊛
Gwilym

Gwilym ✛
> Hen Almaeneg, Willahelm, *vilja* =
ewyllys + *helma* = helm; Saesneg,
William
Gwilym Ddu o Arfon, fl. 1280–1320,
bardd
Gwilym Hiraethog, 1802–83, enw

barddol William Rees, gweinidog,
awdur, arweinydd gwleidyddol
> *Old German, Willahelm, vilja = will +
helma = helmet; English, William
Gwilym Ddu o Arfon, fl. 1280–1320, poet
Gwilym Hiraethog, 1802–83, bardic name
of William Rees, author, minister and
political leader*

Gwion ✛
Gwion ap Cyndrwyn
enw Taliesin yn ei fachgendod, a mab
Ceridwen, yn Chwedl Taliesin
milwr a aeth i Gatraeth (gw. Aneirin)
*Taliesin's name in his youth, and son of
Ceridwen, in Tale of Taliesin
soldier who fought at Catraeth (v. Aneirin)*

Gwladus ⊛
Gwladys
un o gariadon Hywel ab Owain
Gwynedd
*one of the loves of Hywel ab Owain
Gwynedd*

Gwladys ⊛
Gwladus
gall fod yn fenywaidd Gwledig =
llywodraethwr
tybir mai Cymraes (Gwladys) yw
Claudia yn 2 Tim. iv. 21
gwraig Brychan Brycheiniog
Gwladys ferch Brychan, gwraig
Gwynllyw, brenin Gwynllwg, 5^{ed} ganrif
Gwladys Ddu, fl. 1250, merch Llywelyn
Fawr
*could be feminine of Gwledig = ruler
Claudia in 2 Tim. iv. 21 is thought to be a
Welsh woman (Gwladys)
wife of Brychan Brycheiniog
Gwladys ferch Brychan, wife of Gwynllyw,
king of Gwynllwg, 5th century
Gwladys Ddu (du = black), fl. 1250,
daughter of Llywelyn Fawr*

Gwledig
= *leader*

Gwlithen ✿
= *dewdrop*
nant ger Trefeca, Powys
a stream near Trefeca, Powys

Gwlithyn ✣
= *dewdrop*

Gwrgan ✣
Gwrgant, Gwrgain
Gwrgan Farfdrwch, mab Beli
Gwrgan ap Bleddyn, tywysog ym
Mrycheiniog, 11ᵉᵍ ganrif
gŵr = *man* + ? can = *bright*
Gwrgan Farfdrwch (thick beard), son of
Beli Gwrgan ap Bleddyn, prince in
Breconshire, 11ᵗʰ century

Gwrgant ✣
Gwrgan
Gwrgant Mawr, brenin olaf Erging
(de swydd Henffordd), 6ᵉᵈ ganrif
Gwrgant ab Ithel, fl. 994, tywysog
Morgannwg
Gwrgant Mawr, last king of Erging
(south Herefordshire), 6ᵗʰ century
Gwrgant ab Ithel, fl. 994, prince of
Glamorgan

Gwrgenau ✣
gŵr = *man* + cenau = *cub*

Gwrgi ✣
Gwrgi Drahawg
gŵr = *man* + ci = *dog*
Gwrgi Drahawg (the arrogant)

Gwrhafal ✣
milwr yng Nghatraeth
a warrior who fought at Catraeth (Catterick)

Gwri ✣
enw a roddodd Teyrnon ar Pryderi pan
oedd ar goll, yn chwedlau'r Mabinogi
name given to Pryderi by Teyrnon, when
Pryderi was lost, in the Mabinogion tales

Gwriad ✣
milwr yng Nghatraeth
Gwriad ap Rhodri Mawr
a warrior who fought at Catraeth

Gwrien ✣
milwr a fu farw yng Nghatraeth
a warrior who died at Catraeth

Gwril ✣
Llangwril
Llwyngwril

Gwrion ✣
Gwydion, Gwri

Gwrlais ✣
Gorlois
gŵr + ? llais = *voice*

Gwrnerth ✣
Gwrnerth ap Llywelyn, sant o'r
6ᵉᵈ ganrif
gŵr = *man* + nerth = *strength*
Gwrnerth ap Llywelyn, 6ᵗʰ century saint

Gwron ✣
un o'r beirdd cynharaf yn ôl traddodiad
Gwron ap Cunedda Wledig
= *hero*
one of the oldest bards according to
tradition

Gwrthefyr ✣
Gwerthefr, Gwrtheyrn
= brenin uchaf
Gwrthefyr Wyn, mab Severa, merch
Macsen Wledig a gwraig Gwrtheyrn.
Ceisiodd atal mewnfudiad Saeson i

Brydain
= *highest king*
Gwrthefyr Wyn, son of Severa, daughter of
Macsen Wledig and wife of Gwrtheyrn. He
tried to stop the immigration of English to
Britain

Gwrtheyrn ✛
= tywysog mawr
brenin y Brythoniaid a wrthwynebai'r
Rhufeiniaid. Beiir ef am ddod â'r
Saeson i Brydain, 5^{ed} ganrif. Vortigern
yn Saesneg
Nant Gwrtheyrn, Gwynedd
= *great prince*
chief of Britons who opposed the Romans.
He is blamed for bringing the English into
Britain, 5th century. Vortigern in English

Gwyar ✪
Gwyar ferch Amlawdd Wledig, mam
Gwalchmai, a gwraig Geraint fab Erbin
Gwyar ferch Amlawdd Wledig, mother of
Gwalchmai and wife of Geraint, son of
Erbin

Gwydion ✛
Gwydion fab Dôn, swynwr a greodd
Blodeuwedd o flodau yn y Mabinogi
Caer Gwydion = *Milky Way*
Gwydion fab Dôn, magician who created
Blodeuwedd from flowers in the
Mabinogion

Gwydir ✛
Gwydyr, Gwedir

Gwydol ✛
Gwidolwyn
Abergwydol, Sir Drefaldwyn
= *zest*
Abergwydol, Montgomeryshire

Gwydyr ✛
Gwydir, Gwedir, Gwydr

Gwyddelan ✪
> Gwyddel
santes yn gysylltiedig â Dolwyddelan,
Gwynedd
> Gwyddel = *Irishman*
saint associated with Dolwyddelan,
Gwynedd

Gwydderig ✛
enw barddol Richard Williams,
1842–1917, bardd o Frynaman
afon yn Sir Gaerfyrddin a Phowys
gŵydd = *wild*
bardic name of Richard Williams,
1842–1917, poet from Brynaman
a river in Carmarthenshire and Powys

Gwyddfid ✪
= *honeysuckle*

Gwyddien ✛
Gwyddien ap Caradog
milwr a fu yng Nghatraeth
a soldier who fought at Catraeth

Gwyddno ✛
= enwog am wybodaeth
Gwyddno Garanhir, rheolwr Cantre'r
Gwaelod a foddwyd trwy ddiofalwch
Seithennyn
= *famed for knowledge*
Gwyddno Garanhir, ruler of Cantre'r
Gwaelod which was drowned through the
neglect of Seithennyn

Gwyddon ✛
Gwyddon Ganhebon, dyfeisydd
cerddoriaeth leisiol yn ôl traddodiad
= *philosopher*
Gwyddon Ganhebon, according to legend
the inventor of vocal music

Gŵyl

Gŵyl ✿
Gŵyl ferch Endawd, sonnir amdani yn
Trioedd Ynys Prydain
= *bashful*
Gŵyl ferch Endawd, mentioned in the
Triads of the Isle of Britain

Gwylan ✿
= *seagull*

Gwylfa ✿ ✣
enw barddol Richard Gwylfa Roberts,
1871–1935, gweinidog a bardd
= *watching-place or* gŵyl = *festival*
bardic name of Richard Gwylfa Roberts,
1871–1935, minister and poet

Gwylfai ✣ ✿
gŵyl = *festival* + Mai = *May*

Gwylon ✣
gŵyl = *festival or watch*

Gwyn ✣
GWYNEDD
Gwyn ap Nudd, duw chwedlonol yr
awyr, brenin Annwn
sant a gysylltir â Phumsaint
= *white, blessed, fair*
Gwyn ap Nudd, legendary god of the sky,
king of Annwn, the otherworld
a saint associated with Pumsaint

Gwynallt ✣
# GWENALLT
gwyn = *white, fair* + allt = *hill*

Gwynant ✣
Nant Gwynant, Gwynedd
gwyn = *white* + nant = *stream*
Nant Gwynant, a river in Gwynedd

Gwyndaf ✣
sant cynnar
Gwyndaf Evans, 1913–86,

Archdderwydd Cymru
an early saint
Gwyndaf Evans, 1913–86, Archdruid of
Wales

Gwyndraeth ✣
# GWENDRAETH
gwyn = *white* + traeth = *beach*

Gwyndud ✣
gwyn = *white* + tud = gwlad = *country*

Gwynedd ✣
hen deyrnas a sir, gogledd-orllewin
Cymru
old kingdom and county, of north-west Wales

Gwyneira ✿
# GWENEIRA
gwyn = *white* + eira = *snow*

Gwyneirys ✿
gwyn = *white* + eirys = *comely*

Gwyneth ✿
gwyn = *white* + geneth = *girl; or from*
Gwynedd

Gwynfai ✣
gwyn = *white* + mai = *field, plain*

Gwynfe ✣
Beriah Gwynfe Evans, 1848–1927,
newyddiadurwr, dramodydd,
cenedlaetholwr
Gwynfe, Sir Gaerfyrddin
Beriah Gwynfe Evans, 1848–1927,
journalist, playwright, nationalist
Gwynfe, Carmarthenshire

Gwynfi ✣
afon
Abergwynfi, Morgannwg
a river
Abergwynfi, Glamorgan

Gwynfil ✤
plwyf yng Ngheredigion
a parish in Ceredigion

Gwynfor ✤
Gwynfor Evans, llywydd Plaid Cymru
1945–81
gwyn = *white* + mawr = *great*
Gwynfor Evans, president of Plaid Cymru
1945–1981

Gwynfryn ✤
man ar safle tŵr Llundain a enwir yn y
Mabinogi
gwyn = *white* + bryn = *hill*
a place on the site of the tower of London,
named in the Mabinogion

Gwynhaf ✤
gwyn = *white* + haf = *summer*

Gwynhefin ✤
gwyn = *white* + hefin = *summer, sunny*

Gwynlais ✤
Tongwynlais, Morgannwg
gwyn = *white* + clais = *stream or* llais =
voice
Tongwynlais, Glamorgan

Gwynli ✤
gwyn = *white* + lli = *stream*

Gwynlliw ✤
Gwynllyw

Gwynllyw ✤
Gwynllyw Farfog, sant, fl. 500, brenin
Gwynllwg, Gwent, mab Glywys, tad
Cadog a Gwawl, merch Ceredig ap
Cunedda
Gwynlliw Farfog (bearded), saint, fl. 500,
king of Gwynllwg, Gwent, son of Glywys,
father of Cadog and Gwawl, daughter of
Ceredig ap Cunedda

Gwynn ✤
Gwyn
T Gwynn Jones, bardd a llenor
T Gwynn Jones, author and poet

Gwynno ✤
sant a gysylltir â Llanwynno,
Morgannwg, a Phumsaint a
Llanpumsaint, Sir Gaerfyrddin
a saint associated with Llanwynno,
Glamorgan and Pumsaint and
Llanpumsaint, Carmarthenshire

Gwynogfryn ✤
Gwenogfryn

Gwynon ☯
Afon Gwynon, ger Llanarthne,
Caerfyrddin
River Gwynon, near Llanarthne, Carmarthen

Gwynora ☯
ffurf fenywaidd ar Gwynoro
feminine form of Gwynoro

Gwynoro ✤
sant cynnar, un o 5 sant Llanpumsaint a
Phumsaint, Sir Gaerfyrddin
enw barddol John Gwynoro Davies,
1855–1935, gweinidog a gwladgarwr
early saint, one of the 5 saints of
Llanpumsaint and Pumsaint,
Carmarthenshire
bardic name of John Gwynoro Davies,
1855–1935, minister and patriot

Gwynsul ✤
gwyn = *white, blessed* + Sul = *Sunday*

Gwyrfab ✤
Gŵyr = *Gower* + mab = *son*

Gwyrfai ✤
afon yng Ngwynedd
a river in Gwynedd

Gwyrosydd ✣
enw barddol Daniel James, 1847–1920,
bardd poblogaidd o Abertawe
Gŵyr = *Gower* + rhos = *heath*
bardic name of Daniel James, 1847–1920,
popular poet from Swansea

Gwyther ✣
GWYTHYR

Gwytherin ✣
GWYTHYR
> Lladin, *victor* = buddugwr
> *Latin, victor*

Gwytheyrn ✣
GWRTHEYRN

Gwythyr ✣
GWYTHERIN
= buddugol
mab Greidawl, yn Culhwch ac Olwen,
sy'n ymladd â Gwyn ap Nudd am law
Creiddylad
= *victor*
son of Greidawl, in Culhwch ac Olwen, who
fights Gwyn ap Nudd for the hand of
Creiddylad

H

Haf ✪
= *summer*

Hafesb ✣
Aberhafesb, Powys

Hafgan ✣
brenin Annwn
haf = *summer* + cân = *song*
king of the Otherworld

Hafina ✪
ffurf anwes ar HAF
affectionate form of HAF

Hafren ✪
> Lladin, Sabrina, duwies afon
Geltaidd
Afon a Môr Hafren
> *Latin, Sabrina, Celtic river goddess*
River Hafren = Severn

Hafwen ✪
haf = *summer* + gwen = *white*

Hafwyn ✣
haf = *summer* + gwyn = *white*

Harallt ✣
> HAROLD

Harri ✣
> Lladin, Henricus, Saesneg, Henry
Harri Tudur, 1457–1509, ddaeth i goron
Lloegr trwy ennill Brwydr Bosworth
dros y Cymry, 7 Awst 1485
Harri Webb, 1920–94, bardd
> *Latin, Henricus, English, Henry*

Henry VII, who became king of England by winning the Battle of Bosworth on behalf of the Welsh, 7 August 1485
Harri Webb, 1920–94, poet

Hawen ✿
afon ger Llangrannog, Ceredigion
a river near Llangrannog, Ceredigion

Hawis ✿
HAWYS, HAWYSTL

Hawys ✿
HAWYSTL
= gwystl neu > Hen Almaeneg, Hadewidis, *hathu* = brwydr + *vid* = llydan
un o gariadon y bardd-dywysog Hywel ab Owain Gwynedd yn y 12ᶠᵉᵈ ganrif
Hawys Gadarn, 1291–1353*, wyres Gruffudd ap Gwenwynwyn o Bowys
= *hostage or* > Old German, Hadewidis, hathu = *battle* + vid = *wide*
one of the lovers of the poet-prince Hywel ab Owain Gwynedd in the 12th century
Hawys Gadarn (the strong), granddaughter of Gruffudd ap Gwenwynwyn of Powys

Hawystl ✿
HAWYS
santes, merch Brychan, 5ᵉᵈ ganrif
saint, daughter of Brychan, 5th century

Hedydd ✛ ✿
= *skylark*

Hedyn ✛
EHEDYN
> Eidyn, Eiddyn (lle)
sonnir amdano yn Trioedd Ynys Prydain
= *seed*
> Eidyn, Eiddyn (place)
mentioned in the Triads of the Isle of Britain

Hedd ✛
Hedd ap Dôn
Hedd Wyn, 1887–1917, enw barddol
Ellis Humphrey Evans, bugail o Drawsfynydd a laddwyd yng Nghefn Pilkem, Fflandrys, heb gael ei gadair yn Eisteddfod Genedlaethol Penbedw, 1917
= *peace*
Hedd Wyn, 1887–1917, bardic name of Ellis Humphrey Evans, a shepherd from Trawsfynydd who was killed at Pilkem Ridge, Flanders, winning the chair posthumously at Birkenhead National Eisteddfod, 1917

Heddus ✛ ✿
HEDD

Heddwel ✛
hedd = *peace* + ? gweld = *to see*

Heddwen ✿
hedd = *peace* + gwen = *white*

Heddwyn ✛
hedd = *peace* + gwyn = *white*

Heddys ✿
# HEDDUS
hedd = *peace*

Hefeydd ✛
Hefeydd Hen, tad Rhiannon yn y Mabinogi
Hefeydd Hen, father of Rhiannon in the Mabinogion

Hefin ✛
= *summer, sunny*, Mehefin = *June*

Hefina ✿
hefin = *summer, sunny*

Heiddwen ✺
HEIDDWYN

Heiddwyn ✢
HEDDWYN

Heilin ✢
HEILYN
Heilin ap Brychan, sant a gysylltir â
Chapel Heilin, Ynys Môn
Heilin ap Llywarch Hen
Heilin Fardd, fl. 15^{fed} ganrif
hael = *generous*
Heilin ap Brychan, saint associated with
Capel Heilin, Ynys Môn
Heilin Fardd, poet, fl. 15th century

Heilyn ✢
= gweinydd, tywalltwr gwin
Heilyn fab Gwyn Hen, un o'r saith a
ddihangodd o'r frwydr yn Iwerddon
yn y Mabinogi
Goronwy ap Heilyn, fl. 1280,
llysgennad Llywelyn ein Llyw Olaf
Rowland Heilyn, 1562*–1631,
cyhoeddwr llyfrau Cymraeg
= *wine pourer, waiter*
Heilyn fab Gwyn Hen, one of the seven who
escaped from the battle in Ireland in the
Mabinogion
Goronwy ap Heilyn, fl. 1280, ambassador of
Llywelyn II
Rowland Heilyn, 1562–1631, publisher of*
Welsh books

Heini ✢ ✺
Heini fab Nwython, milwr a aeth i
Gatraeth (gw. Aneirin)
= *sprightly, active*
Heini fab Nwython, soldier who went to
Catraeth (Catterick) (v. Aneirin)

Heinin ✢
bardd a fu'n ymryson yn erbyn Taliesin,
yn Chwedl Taliesin
bardd yn Llancarfan, fl. 520–560
poet who contested against Taliesin, in
The Tale of Taliesin
poet at Llancarfan, fl. 520–560

Heledd ✺
Heledd ferch Cyndrwyn, chwaer
Cynddylan ap Cyndrwyn, tywysog ym
Mhowys yn y 7^{fed} ganrif, mynega cerddi
a gyfansoddwyd 850* ei theimladau ar
farwolaeth Cynddylan
Heledd ferch Cyndrwyn, sister of
Cynddylan ap Cyndrwyn, prince in Powys
*in the 7th century, poems composed 850**
express her feelings at the death of
Cynddylan
Ynysoedd Heledd = *Hebrides*

Helen ✺
ELEN

Heli ✢
BELI
tad Lludd, Llefelys, Nynniaw a
Caswallon
father of Lludd, Llefelys, Nynniaw and
Caswallon

Helygen ✺
= *willow*

Henin ✢
HENNIN

Hennin ✢
Hennin Henben, tad Garwen, sonnir
amdano yn Englynion Beddau y 9^{fed} a'r
10^{fed} ganrif
Hennin Henben, father of Garwen,
mentioned in the Stanzas of the Graves of
9th and 10th century

Henri ✚
> HENRY
Henri ap Cadwgon

Hergest ✚
lle ym Mhowys
llawysgrif Llyfr Coch Hergest, 1400*, yn
cynnwys llawer o farddoniaeth a
rhyddiaith gynnar Gymraeg
a place in Powys
Red Book of Hergest manuscript, 1400*,
contains much early Welsh verse and prose

Heulfryn ✚
haul = *sun* + bryn = *hill*

Heulwen ⊙
= *sunshine*

Heulwyn ✚
ffurf wrywaidd ar HEULWEN
masculine form of HEULWEN

Heulyn ✚
= *ray of sun*

Hewyd ✚
pentref Dihewyd, Ceredigion
village of Dihewyd, Ceredigion

Hinin ✚
bardd, 1360*–1420*
poet, 1360*–1420*

Hirael ✚
hir = *long* + ael = *brow*

Hiraethog ✚
ardal yng Nghlwyd
gw. Gwilym Hiraethog a Gruffudd
Hiraethog
area of Clwyd
v. Gwilym Hiraethog and Gruffudd
Hiraethog

Hiral ✚
HIRAEL

Hiriell ✚
arwr chwedlonol o Wynedd a fydd yn
deffro i yrru gormeswyr o'r tir
a legendary hero of Gwynedd who will
awake one day to drive oppressors from the
land

Hirwen ⊙
hir = *long* + gwen = *white*

Hoen ⊙
= *passion*

Hopcyn ✚
HOPGYN
> terfyniad Fflemeg
Hopcyn ap Tomos, 1330*–1410*,
uchelwr o Ynystawe, Morgannwg, mab
Tomos ab Einion. Noddwr beirdd
> *Flemish ending, anglicized as Hopkin*
Hopcyn ap Tomos, 1330*–1410*, nobleman
from Ynystawe, Glamorgan, son of Tomos
ab Einion. Patron of bards

Hopgyn ✚
HOPCYN

Howel ✚
HYWEL
Howel mab Emyr Llydaw, nai i Arthur
Howel Harris, 1714–73, un o arweinwyr
y Diwygiad Methodistaidd
Howel son of Emyr Llydaw (Brittany),
nephew of Arthur
Howel Harris, 1714–73, one of the leaders
of the Methodist Revival

Huail ✚
mab Caw, milwr dewr o'r 5^{ed} ganrif, a
laddwyd gan Arthur yn Rhuthun
son of Caw, a brave warrior of the 5th
century, killed by Arthur at Rhuthun

Huan ✛
huan = haul
huan = *sun*

Huana ✿
huan = haul
huan = *sun*

Hunydd ✿
Hunydd ferch Brychan
Hunydd ferch Brân
un o gariadon Hywel ab Owain
Gwynedd yn y 12^{fed} ganrif
one of the lovers of Hywel ab Owain
Gwynedd in the 12th century

Huw ✛
> Hen Almaeneg, Hugi, *hugu* =
meddwl, calon
Huw Cae Llwyd, fl. 1431–1504, bardd o
Landderfel, Meirionnydd
Huw Ceiriog, fl. 1560–1600, bardd
> *Old German, Hugi, hugu = mind, heart*
Huw Cae Llwyd, fl. 1431–1504, poet from
Llandderfel, Meirionnydd
Huw Ceiriog, fl. 1560–1600, poet

Huwcyn ✛
ffurf anwes ar Huw
affectionate form of Huw

Hwfa ✛
Hwfa ap Cynddelw
Hwfa Môn, enw barddol Rowland
Williams, 1823–1905, Archdderwydd
Cymru
Rhos Trehwfa, Ynys Môn
Hwfa Môn, bardic name of Rowland
Williams, 1832–1905, Archdruid of Wales
Rhos Trehwfa, Ynys Môn

Hwlcyn ✛
ffurf anwes ar Hywel
affectionate form of Hywel

Hwmffre ✛
Wmffre
> Hen Saesneg, Hunfrith, *Huni* = cawr
+ *frith* = heddwch; Saesneg,
Humphrey
> *Old English, Hunfrith, Huni = giant +*
frith = *peace; English, Humphrey*

Hydref ✿
= *October, autumn*

Hyfaidd ✛
= beiddgar
Hyfaidd Hen, tad Rhiannon yn y
Mabinogi
Hyfaidd ap Morien
milwr a fu yng Nghatraeth
Hyfaidd mab Bleiddig, brenin
Deheubarth, mab Tangwystl
Maesyfed = Maes Hyfaidd
= *bold*
Hyfaidd Hen (Old), father of Rhiannon in
the Mabinogion
a warrior at Catraeth
Hyfaidd mab Bleiddig, king of Deheubarth
(south-west Wales), son of Tangwystl
Maesyfed = Maes Hyfaidd =
Radnorshire

Hylwen ✿
#? Hywel

Hywel ✛
= gweladwy, sefyll allan
Hywel ap Emyr Llydaw
Hywel Dda, –950, tywysog Cymru oll,
casglwr y cyfreithiau Cymreig
Hywel ab Ieuaf, brenin Gwynedd,
979–85
Hywel ab Owain Gwynedd, –1170,
tywysog a bardd
= *eminent, prominent*
Hywel Dda = Hywel the Good, –950,
prince of all Wales, collector of the Welsh
laws

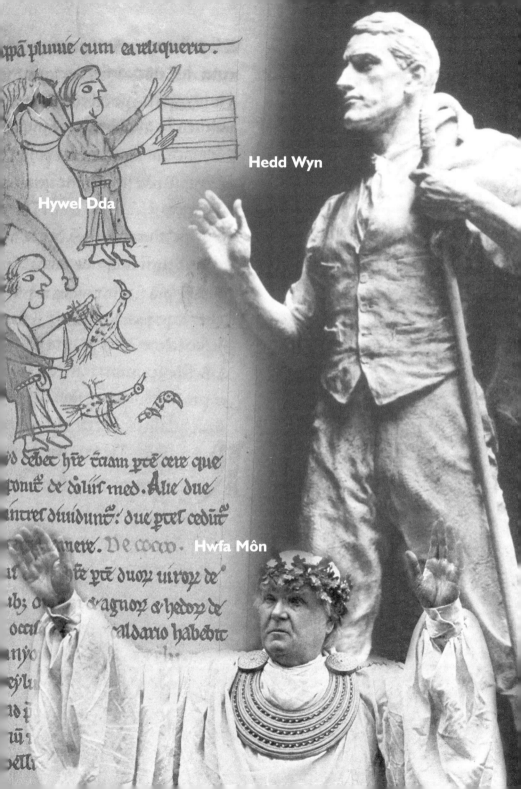

Hedd Wyn

Hywel Dda

Hwfa Môn

Hywel ab Ieuaf, king of Gwynedd, 979–85
Hywel ab Owain Gwynedd, –1170, prince
and poet

Hywela ✿
HYWEL

Hywelfryn ✠
hywel = gweladwy + bryn
hywel = gweladwy = *prominent* + bryn
= *hill*

Hywyn ✿
ffurf anwes ar HYWEL
sant a gysylltir ag Aberdaron, Gwynedd
affectionate form of HYWEL
saint associated with Aberdaron, Gwynedd

I

Iago ✠
> Hebraeg, yn cyfateb i Jacob neu
James
Iago ap Beli, tad Cadfan o Wynedd,
6ed ganrif
Iago ab Idwal Foel, fl. 942–79, brenin
Gwynedd a alltudiwyd gan Hywel Dda
Iago ab Idwal ap Meurig, –1039, brenin
Gwynedd
> *Hebrew, equivalent of Jacob or James*
Iago ap Beli, father of Cadfan of Gwynedd,
6th century
Iago ab Idwal Foel, fl. 942–79, king of
Gwynedd who was banished by Hywel Dda
Iago ab Idwal ap Meurig, –1039, king of
Gwynedd

Ianto ✠
ffurf anwes ar IFAN, IEUAN neu IAGO
affectionate form of IFAN, IEUAN *or* IAGO

Iarlles ✿
iarlles = *countess*

Idloes ✠
sant a gysylltir â Llanidloes, Powys
a saint associated with Llanidloes, Powys

Idnerth ✠
iud = arglwydd + nerth
esgob olaf Llanbadarn Fawr
iud = *lord* + nerth = *strength*
the last bishop of Llanbadarn Fawr

Idris ✠
Idris Gawr, –632, swynwr a seryddwr,
mab Gwyddno Garanhir
Cader Idris, mynydd ym Meirionnydd

*Idris Gawr, –632, cawr = giant, magician
and astronomer, son of Gwyddno Garanhir
Cader Idris, mountain in Merionnydd*

Idrisyn ✛
IDRIS

Idwal ✛
# IDWALLON
iud = arglwydd + gwal= rheolwr
Idwal ap Dôn
Idwal Foel, –942, mab Anarawd ap
Rhodri Fawr, brenin Gwynedd
Idwal ap Owain Gwynedd
iud = lord + gwal = ruler
*Idwal Foel, –942, son of Anarawd ap Rhodri
Fawr, king of Gwynedd*

Idwallon ✛
# IDWAL
iud = arglwydd + gwallon
= ? rheolaeth
Idwallon ab Einon, –974
iud = lord + gwallon = ? *rule*

Idwen ☉

Iddawg ✛
cymeriad yn Breuddwyd Rhonabwy,
chwedl a geir yn Llyfr Coch Hergest
*character in Breuddwyd Rhonabwy, tale
found in the Red Book of Hergest*

Iddig ✛
Iddig fab Anarawg Walltgrwn, un o
saith tywysog a ofalai am Gymru tra
roedd Bendigeidfran a'i filwyr yn
Iwerddon
*Iddig fab Anarawg Walltgrwn, one of seven
princes left to defend Wales when
Bendigeidfran and his soldiers left for Ireland*

Iddon ✛
Iddon mab Ynyr Gwent, sant, 500*
*Iddon son of Ynyr Gwent, saint, 500**

Iemwn ✛
EDMWND, IEMWNT

Iemwnt ✛
IEMWN, EDMWND

Iestyn ✛
> Lladin, Justinus
sant, 6ed ganrif, cyfoeswr â Dewi Sant
Iestyn ap Gwrgant, fl. 1081–93, rheolwr
annibynnol olaf Morgannwg
> *Latin, Justinus*
*6th century saint, contemporary of St David
Iestyn ap Gwrgant, fl. 1081–93, the last
independent ruler of Glamorgan*

Iesu ✛
> ffurf Roeg ar Hebraeg Jehoshea
(Iosua) = mae Iehofa yn hael
> *Greek form of Hebrew Jehoshea (Joshua)
= Jehovah is generous. English, Jesus*

Ieuaf ✛
Ieuaf ab Idwal Foel, cydreolwr
Gwynedd a garcharwyd gan ei frawd
Iago, –985
= youngest
*Ieuaf ab Idwal Foel, co-ruler of Gwynedd,
imprisoned by his brother Iago, –985*

Ieuan ✛
IFAN, IOAN
> Lladin, Ioannes, cyfateb i John, Evan
Ieuan Brydydd Hir, bardd, fl. 1450
Ieuan Brydydd Hir, Evan Evans,
1731–88, bardd, offeiriad
Ieuan Glan Geirionydd, Evan Evans,
1795–1885, bardd
Ieuan Gwynedd, Evan Jones, 1820–52,
gweinidog, newyddiadurwr
> *Latin, Ioannes, form of John, Evan
Ieuan Bryddydd Hir, poet, fl. 1450
Ieuan Brydydd Hir, Evan Evans, 1731–88,
poet, clergyman
Ieuan Glan Geirionydd, Evan Evans,*

Ioan Gruffudd

Iolo Morganwg

Islwyn

Ifan ab Owen Edwards

Ieuan Evans

1795–1885, poet
Ieuan Gwynedd, Evan Jones, 1820–52,
minister, journalist

Ifan ✚
IEUAN
> Lladin, Iohannes, trwy'r ffurf
dafodieithol Iovannes. Ffurf ar John, yn
ddiweddarach Evan
Ifan ab Owen Edwards, 1895–1970,
sefydlydd Urdd Gobaith Cymru
> *Latin, Iohannes, through the colloquial*
Iovannes. Form of John, later Evan
Ifan ab Owen Edwards, 1895–1970,
founder of the Urdd Youth Movement

Ifanna ✺
ffurf fenywaidd IFAN
feminine form of IFAN

Ifanwy ✺
IFANNA

Ifer ✚
IFOR

Ifon ✚
#? EIFION

Ifona ✺
IFON

Ifor ✚
> Iôr = arglwydd, neu > Llychlyneg,
Ivarr
sant, 400*
Ifor Bach, fl. 1188, ddaliodd ei arglwydd
Normanaidd yng Nghastell Caerdydd
Ifor Hael, prif noddwr Dafydd ap
Gwilym, o Fasaleg, Gwent, f1.1340–60
> *Iôr = lord or > Norse, Ivarr*
*saint, 400**
Ifor Bach (small), fl. 1188, who held his
Norman lord captive in Cardiff Castle
Ifor Hael (generous), chief patron of Dafydd

ap Gwilym, from Basaleg, Gwent,
fl. 1340–60

Ilan ✚
sant a gysylltir ag Eglwysilan ger
Trefforest, Morgannwg
a saint associated with Eglwysilan, near
Trefforest, Glamorgan

Ilar ✺
> Lladin, *hilarus* = llon; cyfateb i Hilary
Llanilar, Ceredigion
> *Latin*, hilarus = *cheerful; equivalent of*
Hilary

Ilid ✺
ILUD
cyfateb i Santes Julitta neu Juliet
Llanilid ym Morgannwg
equivalent of Saint Julitta or Juliet
Llanilid, Glamorgan

Ilon ✚
Ilon Hwylfawr o'r Hen Ogledd
Ilon Hwylfawr (great sail/spirit) of the Old
North

Ilud ✺
Ilud ferch Brychan

Illtud ✚
sant o Lydaw, 450*–525*, a ddyfeisiodd
aradr. Sefydlodd goleg yn Llanilltud
Fawr lle bu Dewi a Gildas yn
ddisgyblion
*saint from Britanny, 450**–525**, who*
invented a plough. Founded a college at
Llanilltud Fawr (Llantwit Major) where
Dewi and Gildas were pupils

Ina ✺
merch Ceredig, yn gysylltiedig â
Llanina, Ceredigion
the daughter of Ceredig, associated with
Llanina in Ceredigion

Indeg ✪

Indeg ferch Arwy Hir, o lys Arthur yn Culhwch ac Olwen, yn enwog am brydferthwch

Indeg ferch Arwy Hir, of Arthur's court in Culhwch ac Olwen, famed for beauty

Inigo ✝

> Groeg, Ignatios

Inigo Jones, 1573–1652, pensaer o Lanrwst

> Greek, Ignatios

Inigo Jones, 1573–1652, architect from Llanrwst

Inir ✝

YNYR

Ioan ✝

IEUAN, SIÔN

> Lladin, Iohannes > Hebraeg = mae Duw wedi breintio, cyfateb i John

> Latin, Iohannes > Hebrew = Jehovah has favoured, equivalent of John

Iola ✪

IOLO

Iolo ✝

ffurf anwes ar IORWERTH

Iolo Goch, 1325–1398, bardd o Ddyffryn Clwyd, cyfaill i Owain Glyn Dŵr

Iolo Morganwg, Edward Williams, 1747–1826, o Drefflemin, saer maen, bardd, ysgolhaig, hanesydd, crëwr pasiant yr Orsedd

affectionate form of IORWERTH

Iolo Goch, 1325–1398, poet from the Vale of Clwyd, friend of Owain Glyn Dŵr

Iolo Morganwg, Edward Williams, 1747–1826, from Flemingston, mason, poet, scholar, historian, creator of Eisteddfod pageantry

Iolyn ✝

ffurf anwes ar IORWERTH

affectionate form of IORWERTH

Ion ✝

? Ionawr = *January*

Iôn = *lord*

Iona ✪

Iona merch Brychan

Ynys Iona, yr Alban

Ionawr = *January*

Iona daughter of Brychan

Isle of Iona, Scotland

Ionawr ✝ ✪

= *January*

Ionor ✝ ✪

= *January*

Ionwen ✪

iôn = *lord* + gwen = *white, blessed*

Iorath ✝

IORWERTH

Iorwen ✪

iôr = *lord* + gwen = *white, blessed*

Iorwerth ✝

Iorwerth ap Bleddyn, tywysog Powys, –1111

Iorwerth Drwyndwn, –1174*, mab hynaf Owain Gwynedd

Iorwerth Fynglwyd, fl. 1480–1527, bardd o Saint y Brid, Morgannwg

iôr = *lord* + gwerth = *worth*

Iorwerth ap Bleddyn, prince of Powys, –1111

Iorwerth Drwyndwn, –1174, eldest son of Owain Gwynedd*

Iorwerth Fynglwyd, fl. 1480–1527, poet from St Bride's Major, Glamorgan

Ioseff ✣
JOSEFF
> Hebraeg = boed i Dduw ychwanegu,
neu ychwanegodd Duw
> *Hebrew = may Jehovah add, or Jehovah
added*

Irfon ✣
afon ger Llanfair-ym-Muallt y lladdwyd
Llywelyn ap Gruffudd ar ei glan, 1282
*a river near Builth Wells on whose bank
Llywelyn ap Gruffudd was killed, 1282*

Irwedd ✣
ir = *fresh* + gwedd = *appearance*

Irwen ✿
ir = *fresh* + gwen = *white*

Irwyn ✣
ir = *fresh* + gwyn = *white*

Isag ✣
milwr a fu yng Nghatraeth
a warrior who fought at Catraeth

Isfael ✣
sant o'r 6ed ganrif, yn Nyfed
6th century saint, from Dyfed

Isfoel ✣
enw barddol Dafydd Jones, 1881–1968,
bardd o Fferm y Cilie, Ceredigion
is = *under* + moel = *hill*
*bardic name of Dafydd Jones, 1881–1968,
poet from Cilie farm, Ceredigion*

Isfryn ✣
is = *under* + bryn = *hill*

Isgoed ✣
is = *under* + coed = *wood*

Islan ✣
is = *under* + glan = *bank*

Islwyn ✣
enw barddol William Thomas, 1832–78
mynydd yng Ngwent
is = *under* + llwyn = *grove*
*bardic name of William Thomas, 1832–78
a mountain in Gwent*

Islyn ✣
is = *under* + glyn = *vale*

Isnant ✣
is = *under* + nant = *stream*

Ithael ✣
ITHEL

Ithel ✣
Ithel ap Ceredig
Ithel ŵyr Emyr Llydaw
brenin Gwent, –848
Ithel ap Cedifor Wyddel, lladdwyd yn y
12fed ganrif yn ymladd dros Owain
Gwynedd
ith = udd = *lord* + hael = *generous*
*Ithel grandson of Emyr Llydaw
king of Gwent, –848
Ithel ap Cedifor Wyddel (Irishman), killed
in the 12th century fighting for Owain
Gwynedd*

Ithela ✿
ITHEL

Ithwen ✣ ✿
ith = udd = *lord* + gwen = *white,
blessed*

Iwan ✣
IFAN

Iwerydd ✣ ✿
Iwerydd, mam Brân Galed
Môr Iwerydd = *Atlantic Ocean*
Iwerydd, mother of Brân Galed (hard)

J

Jac ✛
> Saesneg, Jack
Jac Glanygors, 1766–1821, bardd, llenor,
meddyliwr
> English, Jack
Jac Glanygors, 1766–1821, poet, writer,
thinker

Joseff ✛
IOSEFF

K

Keidrych ✛
CEIDRYCH

Kelt ✛
CELT

Kyffin ✛
CYFFIN
Kyffin Williams, 1918–, artist o
Langefni, Ynys Môn
Kyffin Williams, 1918–, artist from
Llangefni, Ynys Môn

L

Landeg ✛
# GLANDEG
glân = *clean* + teg = *fair*

Lawnslod ✛
> ffurf anwes ddwbl Ffrengig a
Hen Almaeneg, Lanza, *landa*= tir, neu
> Llydaweg, Lancelin, 11ᵉᵍ ganrif
un o farchogion Arthur, dyfeisiwyd gan
Chrétien de Troyes
> double French diminutive and
Old German Lanza, landa = land, or
> Breton, Lancelin, 11ᵗʰ century
one of Arthur's knights, invented by
Chrétien de Troyes

Lefi ✛
> Hebraeg = wedi addo neu gysylltu
> Hebrew = pledged or attached

Leisa ✪
LISA

Lena ✪
ELENA, HELEN

Leusa ✪
LISA

Leri ✪
ffurf anwes ar ELERI, TELERI, MELERI
affectionate form of ELERI, MELERI, TELERI

Lewis ✛
LEWYS, LLYWELYN
Lewis Glyn Cothi, fl. 1450–86, bardd
Lewis Glyn Cothi, fl. 1450–86, poet

Lewsyn ✛
ffurf anwes ar Lewys
Lewsyn yr Heliwr, Lewis Lewis, 1793–*,
un o derfysgwyr Merthyr, 1831
affectionate form of Lewys
Lewsyn yr Heliwr, Lewis Lewis, 1793–,*
one of the Merthyr rioters, 1831

Lewys ✛
> Hen Almaeneg, Chlodovech, *hloda* =
clywed + *viga* = ymladd. Almaeneg,
Ludwig, Ffrangeg, Louis, Saesneg,
Lewis. Defnyddiwyd fel Seisnigeiddiad
o Llywelyn
Lewys Morgannwg, fl. 1520–65, bardd
> *Old German, Chlodovech,* hloda = *hear*
+ viga = *fight. German, Ludwig, French,*
Louis, English, Lewis. Used as
Anglicization of Llywelyn
Lewys Morgannwg, fl. 1520–65, poet

Lili ✿
= *lily*

Lilwen ✿
lili = *lily* + gwen = *white*

Lisa ✿
ffurf anwes ar Elisabeth
affectionate form of Elisabeth

Liwsi ✿
> Saesneg, Lucy, Lladin, Santes Lucia
> *English, Lucy, Latin, St Lucia*

Lodes ✿
= *maid*

Lois ✿
> Groeg
mam-gu Timotheus
> *Greek*
grandmother of Timothy

Lona ✿
ffurf anwes ar Moelona neu Maelona
affectionate form of Maelona or Moelona

Lora ✿
Lowri
> Lladin, Laurencia, yn cyfateb i
Saesneg, Laura
> *Latin, Laurencia, equivalent to English,*
Laura

Lowri ✿
Lora
mam yr Esgob William Morgan a
gyfieithodd y Beibl i'r Gymraeg, 1588
mother of Bishop William Morgan who
translated the Bible into Welsh, 1588

Luc ✛
> Groeg, Loukas, Lladin, Lucas,
Saesneg, Luke
> *Greek, Loukas, Latin, Lucas, English,*
Luke

Luned ✛
Eluned
Owain a Luned, chwedl ganoloesol
Owain a Luned, a tale of the middle ages

Lydia ✿
> Groeg, Lydia
merch Joseff o Nasareth yn ôl yr
Apocryffa
> *Greek, Lydia*
daughter of Joseph of Nasareth according to
the Apocrypha

Lyn ✛ ✿
ffurf anwes ar Llywelyn ac Eluned
affectionate form of Llywelyn and Eluned

Lyneth ✿
\# ELUNED
> Ffrangeg, Lynette > Cymraeg,
ELUNED
> *French, Lynette > Welsh,* ELUNED

Lynfa ✿
Lyn + terfyniad benywaidd
Lyn + feminine ending

Lynfel ✚

Lynn ✿
\# LYN

Lynwen ✿
Lyn + gwen = *white*

Lysod ✿
ffurf anwes ar ELISABETH
affectionate form of ELISABETH

LL

Llachau ✚
\# LLECHEU
un o ddynion cyfoethocaf Prydain yn
Trioedd Ynys Prydain
*one of Britain's wealthiest men in the Triads
of the Isle of Britain*

Llawdden ✚
cywyddwr o Lwchwr, Morgannwg,
fl. 1450
poet from Loughor, Glamorgan, fl. 1450

Llawen ✚
sant, disgybl i Cadfan
Llanllawen ger Aberdaron, Gwynedd
= *joyful, happy*
*saint, pupil of Cadfan
Llanllawen near Aberdaron, Gwynedd*

Llecheu ✚
\# LLACHAU
Llecheu ap Brychan

Llechid ✿
Llechid ferch Ithel Hael
sant a gysylltir â Llanllechid, ger
Bethesda, Gwynedd
*saint associated with Llanllechid, near
Bethesda, Gwynedd*

Llefelys ✚
brenin Ffrainc, brawd Lludd yn Lludd a
Llefelys, chwedl ganoloesol
*king of France, brother of Lludd in Lludd a
Llefelys, a medieval tale*

Lleian ✿
\# LLUAN
= *nun*

Lleision ✥
cyfateb i Leyshon
Lleision ap Thomas, fl. 1513–41, abad
olaf Mynachlog Nedd
equivalent of Leyshon
Lleision ap Thomas, fl. 1513–41, last abbot
of Neath Abbey

Llelo ✥
ffurf anwes ar LLYWELYN
Llelo Llwyd, bardd serch o'r 16ᵉᵍ ganrif
affectionate form of LLYWELYN
Llelo Llwyd, love poet of the 16ᵗʰ century

Lleon ✥
LLION
Lleon ap Brutus

Lles ✥
= *good, welfare*

Lleu ✥
= yr un disglair
Lleu Llaw Gyffes, mab Arianrhod yn y
Mabinogi . Rhoes Gwydion enw, arfau
a gwraig (Blodeuwedd) iddo. Cyfateb
i'r duw Gwyddelig Lugh
Lyons, Leiden
= *light, fair one*
Lleu Llaw Gyffes (skilful hand), son of
Arianrhod in the Mabinogion. Gwydion
gave him a name, weapons and a wife
(Blodeuwedd). Equivalent of Irish God
Lugh

Lleucu ⊙
Lleucu, gwraig Rhiwallon
un o gariadon Hywel ab Owain
Gwynedd, bardd o'r 12ᶠᵉᵈ ganrif
lleu = *light*
Lleucu, wife of Rhiwallon
one of the lovers of Hywel ab Owain
Gwynedd, poet of the 12ᵗʰ century

Lleufer ✥
= *light, splendour*

Llew ✥
LLEU, LLYWELYN, LLEWELYN
ffurf anwes ar LLYWELYN
Llew Llwyfo, Lewis William Lewis,
1831–1901, bardd, nofelydd a
newyddiadurwr o Fôn
= *lion*
affectionate form of LLYWELYN
Llew Llwyfo, Lewis William Lewis,
1831–1901, poet, novelist and journalist
from Ynys Môn

Llewela ⊙
LLYWELA

Llewelfryn ✥
? Llywel + bryn = *hill*

Llewelyn ✥
LLYWELYN

Llian ⊙
LLUAN, GWENLLIAN
= *flaxen, linen or* lliant = *sea*

Lliant ⊙
lliant = *sea*

Lliedi ✥
Afon Lliedi, Sir Gaerfyrddin
River Lliedi, Carmarthenshire

Llifon ✥
afon yng Ngwynedd
a river in Gwynedd

Llinor ⊙
ELINOR

Llinos ⊕
= *linnet*
enw cerddorol Maria Jane Williams,
1795–1873, cerddor o Aberpergwm,
Cwm Nedd
musical name of Maria Jane Williams,
1795–1873, musician from Aberpergwm,
Neath Valley

Llio ⊕
ffurf anwes ar GWENLLIAN
canodd Dafydd Nanmor iddi yn y
15ᶠᵉᵈ ganrif
affectionate form of GWENLLIAN
Dafydd Nanmor, poet, sang to her in the
15ᵗʰ century

Llion ✛
Llion Gawr, un o 24 o frenhinoedd
mawr
Caerllion = Caerleon, caer = *fort* +
legonium = *of legions*
Llion Gawr (the Giant), one of 24 great
kings

Llorien ✛
Llorien ap Llywarch Hen

Lluan ⊕
santes, merch Brychan, gwraig Gafran,
yn gysylltiedig â Llanlluan, Sir
Gaerfyrddin, 500*
saint, daughter of Brychan, wife of Gafran,
associated with Llanlluan,
*Carmarthenshire, 500**

Lludd ✛
brenin Prydain yn Lludd a Llefelys,
chwedl ganoloesol, mab Beli
king of Britain in Lludd a Llefelys, medieval
tale, son of Beli

Llugwy ✛
bae, Ynys Môn
bay, Ynys Môn

Llungwyn ✛
= *Whitsun Monday*

Llunwerth ✛
Esgob Mynyw, 874
llun = *form or shape* + gwerth = *value*
Bishop of Mynyw, 874

Llwyd ✛
Seisnigwyd i LLOYD
= *grey, holy*
Anglicized as LLOYD
y brodyr llwyd = *grey friars*

Llwyfo ✛
Llew Llwyfo, Lewis William Lewis,
1831–1901, bardd, nofelydd,
newyddiadurwr
Llew Llwyfo, Lewis William Lewis,
1831–1901, poet, novelist, journalist

Llyfni ✛
afon yng Ngwynedd
Llanllyfni
llyfn = *smooth*
a river in Gwynedd

Llyfnwy ✛

Llyndaf ✛

Llynfi ✛
afon ym Morgannwg, yn llifo i'r Ogwr
a river in Glamorgan, flowing into the
Ogmore

Llynor ⊕

Llywelyn ap Iorwerth, Llywelyn Fawr
Llywelyn the Great

Llŷr ✢

Llŷr Llediaith, hen gyndad
Llŷr Marini, tad Caradog Freichfras
tad Branwen a Bendigeidfran yn y
Mabinogi
Saesneg, Lear
English, Lear
Llŷr Llediaith, old ancestor
Llŷr Marini, father of Caradog Freichfras
father of Branwen and Bendigeidfran in the
Mabinogion

Llywarch ✢

Llywarch Hen, tywysog Brythonig o'r
6^{ed} ganrif, y canwyd ei hanes 850*.
Cefnder i Urien Rheged, a mab Gwawr
ferch Brachan ac Elidyr Lledanwyn
Llywarch ap Llywelyn, Prydydd y
Moch, fl. 1173–1220, bardd
llyw = *leader* + march = *horse*
Llywarch Hen, Brythonic prince of the 6th
century whose story was set to verse 850.*
Cousin of Urien Rheged, and son of Gwawr
ferch Brachan and Elidyr Lledanwyn
Llywarch ap Llywelyn, Prydydd y Moch
(Poet of the Pigs), fl. 1173–1220, poet

Llywel ✢

LLYWELYN
sant
Llywel, Sir Frycheiniog
saint
Llywel, Breconshire

Llywela ✿

LLYWEL, LLYWELYN

Llywelydd ✢

LLYWELYN

Llywelyn ✢

LLEWELYN
Llywelyn ap Iorwerth (Llywelyn Fawr),
1173–1240, tywysog Gwynedd, tad-cu
Llywelyn ein Llyw Olaf
Llywelyn ap Gruffudd (Y Llyw Olaf
neu Llywelyn II), –1282, ystyrir yn
dywysog olaf Cymru, ond dilynwyd ef
gan ei frawd Dafydd am ryw chwe mis
llyw = *leader* + eilyn = ? *likeness*
Llywelyn ap Iorwerth (Llywelyn Fawr
(mawr = great)) 1173–1240, prince of
Gwynedd, grandfather of Llywelyn II
Llywelyn ap Gruffudd (Llywelyn II or Y
Llyw Olaf = the last leader), –1282, regarded
as last prince of Wales, but he was followed by
his brother Dafydd for some six months

M

Maben ✛
MABON

Mabli ⊙
> Lladin, *amabilis* = caradwy
Cefn Mabli, plas ger Caerdydd
> *Latin, amabilis = lovable, English, Mabel*
Cefn Mabli, mansion near Cardiff

Mabon ✛
MABYN, MABEN
= llanc, Duw Celtaidd ieuenctid, â sawl
allor iddo yn Ewrop
tad Teilo, 6ᵉᵈ ganrif
Mabon ab Iarddur, tad Meilyr Brydydd,
1100*
Mabon, 1842–1922, enw barddol
William Abraham, aelod seneddol y
Rhondda, llywydd cyntaf Glowyr de
Cymru
= *youth, Celtic god of youth, with many*
altars in Europe
father of Teilo, 6ᵗʰ century
Mabon ab Iarddur, father of Meilyr
*Brydydd (poet) 1100**
Mabon, 1842–1922, bardic name of William
Abraham, member of parliament for
Rhondda, first president of south Wales
miners

Mabyn ✛
MABON

Macsen ✛
> Lladin, Magnus Maximus
Macsen Wledig, arweinydd Rhufeinig a
arweiniodd y Brythoniaid 383* yn
erbyn Ymerawdwr Gratian yng Ngâl, a

rheoli yng Ngâl, Sbaen a Phrydain
> *Latin, Magnus Maximus*
Macsen Wledig (ruler), Roman leader who
led the Britons 383* against Emperor
Gratian in Gaul, and ruled Gaul, Spain and
Britain

Machno ✛
afon yng Ngwynedd
Penmachno
a river in Gwynedd

Machreth ✛
sant a gysylltir â Llanfachreth, Ynys
Môn a Meirionnydd
a saint associated with Llanfachreth, Ynys
Môn and Meirionnydd

Madlen ✛
MODLEN, MALEN, MAGDALEN
> Hebraeg, Magdalen = gwraig o
Fagdala
> *Hebrew, Magdalen = woman of Magdala*

Madog ✛
sant cynnar, disgybl i Dewi Sant
Madog ap Llywarch Hen
Madog ab Owain Gwynedd, darganfu
America yn y 12ᶠᵉᵈ ganrif
Madog ap Maredudd, –1160, Arglwydd
Powys
Madog ap Gruffudd, –1236, Arglwydd
Powys
Madog ap Llywelyn, fl. 1294,
gwrthryfelwr
mad = *fortunate*
early saint, pupil of St David
Madog ab Owain Gwynedd, discovered
America in the 12ᵗʰ century
Madog ap Maredudd, –1160, Lord of Powys
Madog ap Gruffudd, –1236, Lord of Powys
Madog ap Llywelyn, fl. 1294, rebel

Madron ⊙
MODRON

Madrun ✝ ✪
merch Gwrthefyr, brenin Ynys Prydain
yn y 5ᵉᵈ ganrif
Carn Madrun, Llŷn
Madrun, plas, Caernarfon
Garth Madrun, Talgarth
*daughter of Gwrthefyr, king of the Isle of
Britain in the 5ᵗʰ century
Madrun, mansion, Caernarfon*

Madryn ✪
\# MADRUN
Madryn, Llŷn

Mael ✝
Mael ap Cunedda Wledig
mael = tywysog
mael = *prince*

Maelan ✝
mael = tywysog
mael = *prince*

Maelderw ✝
mael = *prince* + derw = *oak*

Maelgad ✝
mael = *prince* + cad = *battle*

Maelgwn ✝
Maelgwn Gwynedd, –547, gorŵyr
Cunedda, arweinydd mwyaf ei ganrif
Maelgwn ab Owain Gwynedd, –1174
Maelgwn ap Rhys, –1295, gwrthryfelwr
gyda Madog ap Llywelyn, arweinydd y
gwrthryfel yng Ngheredigion
mael = *prince* + cŵn = *hounds*
*Maelgwn Gwynedd, –547, great-grandson
of Cunedda, greatest leader of his century
Maelgwn ap Rhys, –1295, rebel with
Madog ap Llywelyn, leader of the rebellion
in Ceredigion*

Maelgwyn ✝
\# MAELGWN

Maelienydd ✝
rhan ogleddol Sir Faesyfed
northern part of Radnorshire

Maelog ✝
Maelog Dda ap Greddyf
mael = *prince*

Maelogan ✝
bychanig o MAELOG
nant ar Foel Faelogan, ger Llanrwst
*diminutive of MAELOG
a stream on Moel Faelogan, near Llanrwst*

Maelon ✝
cariad Santes Dwynwen
mael = *prince*
lover of Saint Dwynwen

Maelona ✪
\# MAELON

Maelor ✝
ardal yng Nghlwyd
area in Clwyd

Maelorwen ✪
Maelor + gwen = *white*

Maelrys ✝
ŵyr Ynyr Llydaw, 6ᵉᵈ ganrif
mael = tywysog = *prince* + rhys =
*rushing
grandson of Ynyr Llydaw, 6ᵗʰ century*

Maelwas ✝
mael = tywysog + gwas
dygodd ymaith Gwenhwyfar yn y
chwedl Arthuraidd
mael = tywysog = *prince* + gwas =
*servant, youth
he took away Gwenhwyfar in the Arthurian
tale*

Maen ✛
Maen ap Llywarch Hen
maen = *stone*

Maenan ✛
cysylltiedig â Dyffryn Conwy
associated with Conwy Valley

Maengwyn ✛
maen = *stone* + gwyn = *white*

Maesmor ✛
maes = *field* + mawr = *great or* môr = *sea*

Magdalen ✿
> Hebraeg = gwraig o Fagdala
Mair Magdalen
> *Hebrew = a woman of Magdala*
Mary Magdalene

Maglona ✿
Maelona

Magwen ✿

Mai ✿
Mai = *May*

Mair ✿
> Hebraeg = plentyn a ddymunwyd
> *Hebrew = a wished-for child*
English, Mary

Mairwen ✿
Mair = *Mary* + gwen = *white, holy*

Mal ✛
ffurf anwes ar Maldwyn neu Malachi
affectionate form of Maldwyn *or* Malachi

Malachi ✛
> Hebraeg = fy ngwas
> *Hebrew = my servant*

Maldwyn ✛
> Hen Almaeneg, Baldavin, *balda* =
dewr + *vini* = cyfaill
Sir Drefaldwyn o Baldwin, arglwydd
Normanaidd
> *Old German, Baldavin,* balda = *bold* +
vini = *friend*
Montgomeryshire from Baldwin, Norman
lord

Malen ✿
Magdalen

Malfina ✿
Ynysoedd Malfina = *Faulkland Isles*

Mali ✿
Mari, Magdalen

Malwyn ✛
Maldwyn

Mallt ✿
> Hen Almaeneg, Mahthildis, *mahti* =
nerth + *hildi* = brwydr. Cyfateb i
Matilda, Maud
> *Old German, Mahthildis,* mahti =
strength + hildi = *battle. Equivalent of*
Matilda, Maud

Manawyd ✛
Manawydan

Manawydan ✛
mab Llŷr, brawd Bendigeidfran, yn y
Mabinogi
Manaw Gododdin, arfordir Firth of
Forth
Ynys Manaw = *Isle of Man*
son of Llŷr, brother of Bendigeidfran, in the
Mabinogion
Manaw Gododdin, coastal area of Firth of
Forth

Ann – Anwen

Meic Stephens

Mari Lwyd

Menna Elfyn

Macsen Wledig

Morfydd Llwyd Owen

Mihangel Morgan

Mabon

Manllwyd ✛
man = *place* + llwyd = *holy*

Manod ✛ ◎
mynydd ym Meirionnydd
a mountain in Merionnydd

Manogan ✛
Mynogan
tad Beli Mawr
father of Beli Mawr

Manon ◎
manon = brenhines, rhiain = *queen,
paragon of beauty*

Mararad ◎
Marared, Mererid, Marged

Marared ◎
Marged
merch Gruffudd ap Cynan ac
Angharad
*daughter of Gruffudd ap Cynan and
Angharad*

Marc ✛
> Lladin, Marcus, ? Mars, duw rhyfel,
enw Beiblaidd, yr ail Efengylydd
> *Latin, Marcus, ? Mars, god of war,
Biblical name, the second Evangelist*

March ✛
Brenin March, gŵr Esyllt yn chwedl
Trystan ac Esyllt
March ap Meirchion, un o'r tri
llyngesydd
march = *stallion*
*King March, husband of Esyllt in the tale
Trystan ac Esyllt
March ap Meirchion, one of the three fleet
owners*

Marchell ◎
merch Tewdrig, pennaeth Brycheiniog,
mam Brychan Brycheiniog
merch Brychan
*daughter of Tewdrig, chief of Brecon, mother
of Brychan Brycheiniog
daughter of Brychan*

Marchlew ✛
march = *horse* + llew = *lion*

Marchudd ✛
march = *horse* + udd = arglwydd =
lord

Mardy ✛
Maerdy, pentref yng Nghwm Rhondda
Maerdy, a village in the Rhondda Valley

Mared ◎
Marged, Mererid
gwraig Owain Glyn Dŵr
Owain Glyn Dŵr's wife

Maredudd ✛
Meredydd
Maredudd ab Owain, –998, ŵyr
Hywel Dda
Maredudd ap Rhys Gryg, –1271,
tywysog Deheubarth
mawr = *great* + udd = arglwydd = *lord*
*Maredudd ab Owain, –998, grandson of
Hywel Dda
Maredudd ap Rhys Gryg, –1271, prince of
south-west Wales*

Margan ✛
Morgan

Marged ◎
Margred, Mererid
> Groeg, *margarites* = perl
Saesneg, Margaret
Marged ferch Ifan, 1696–1801*,
tafarnwraig a diddanwraig

> *Greek,* margarites = *pearl*
English, Margaret
 Marged ferch Ifan, 1696–1801, tavern
keeper and entertainer*

Margiad ○
MARGED
ffurf ar MARGED yng ngogledd Cymru
form of MARGED in north Wales

Margred ○
MARGED

Mari ○
MAIR

Maria ○
MAIR, MARI
Maria James, 1793–1868, bardd
Maria James, 1793–1868, poet

Marian ○
ffurf anwes ar Mari
affectionate form of Mari

Marion ○
MARIAN

Marl ○

Marlais +
MARLES
Gwilym Marlais, ewythr i Dylan
Thomas
enw dwy afon yn Nyfed
mawr = *big* + clais = ffos = *ditch,
stream or* llais = *voice*
*Gwilym Marlais, uncle of Dylan Thomas
name of two rivers in Dyfed*

Marles +
MARLAIS

Marlis + ○
MARLAIS

Marlyn ○
MAIR, MARI

Marteg + ○
afon ym Mhowys
a river in Powys

Martyn +
> Lladin, Martinus (o Mawrth)
Dafydd Martyn, ŵyr yr Arglwydd
Rhys, esgob Mynyw, 1293–1328
> *Latin, Martinus (from Mars)*
*Dafydd Martyn, grandson of Lord Rhys,
bishop of Menevia, 1293–1328*

Martha ○
> Aramaeg, *mar* = arglwydd
Martha'r Mynydd, fl. 1770, twyllwraig o
Lanllyfni
> *Aramaic,* mar = *lord*
*Martha'r Mynydd (mountain), fl. 1770,
deceiver from Llanllyfni*

Marwenna ○
MORWENNA
santes a merch Brychan
a saint and daughter of Brychan

Mati ○
MATILDA

Math +
Math fab Mathonwy, brenin Gwynedd,
ffigwr hanner chwedlonol, hanner
duw, y swynwr a greodd Blodeuwedd
gyda Gwydion
*Math fab Mathonwy, king of Gwynedd, half
god, half legendary figure, the magician
who created Blodeuwedd with Gwydion*

Mathew +
> Hebraeg = rhodd Duw. Enw
Beiblaidd, yr Efengylydd cyntaf
> *Hebrew = gift of Jehovah. Biblical name,
the first Evangelist, equivalent of Matthew*

Matholwch ✛
Brenin Iwerddon a briododd â
Branwen yn y Mabinogi
*King of Ireland who married Branwen in
the Mabinogion*

Mathonwy ✛ ✿
tad neu fam Math
Mathonwy Hughes, bardd, 20^{fed} ganrif
*father or mother of Math
Mathonwy Hughes, poet, 20th century*

Mathrafal ✛
prif lys rheolwyr Powys tan y
13^{eg} ganrif
*the main court of the rulers of Powys until
13th century*

Mawdwen ✿
MEDWEN, MEDWYN
Santes Mawdwen, lleian i Sant Padrig
? Mallt + gwen = *white*
Saint Mawdwen, nun to St Patrick

Mechain ✛
hen ardal o Bowys
an old district of Powys

Medel ✛
Medel ap Llywarch Hen

Medeni ✿
Medi = *September* + geni = *to be born*

Medi ✿
Medi = *September*, medi = *to reap*

Medlan ✿
Medlan ferch Cyndrwyn

Medrawd ✛
MEDROD
un o farchogion Arthur a fu farw gydag
ef ym mrwydr Camlan
medd = *own* + rhawd = *course or host*

*one of Arthur's knights who died with him
in the battle of Camlan*

Medrod ✛
MEDRAWD
Medrod ap Cawrdar

Medwen ✿
MAWDWEN, MEDWENNA, MEDWYN

Medwenna ✿
MEDWEN

Medwyn ✛
Sant Medwyn, dydd gŵyl 1 Ionawr
Saint Medwyn, celebrated 1 January

Mefin ✛ ✿
Mehefin = *June*

Meg ✿
MEGAN, MARGED

Megan ✿
MARGED
ffurf anwes ar MARGED
Megan Watts Hughes, 1842–1907,
cantores o Ddowlais
Megan Lloyd George, 1902–66, aelod
seneddol, merch David Lloyd George
*affectionate form of MARGED
Megan Watts Hughes, 1842–1907, singer
from Dowlais
Megan Lloyd George, 1902–66, member of
parliament, daughter of David Lloyd
George*

Mei ✛
ffurf anwes ar MEILIR neu MEIRION
affectionate form of MEILIR or MEIRION

Meic ✛
ffurf anwes ar MEICAL a MIHANGEL
Meic Myngfras
*affectionate form of MEICAL and MIHANGEL
Meic Myngfras (hairy mane)*

Meical

Meical ✛
MIHANGEL
> Hebraeg = pwy sydd fel yr
Arglwydd? Un o'r archangylion
> *Hebrew = who is like the Lord? One of*
the archangels

Meidrym ✛
pentref yn Sir Gaerfyrddin
a village in Carmarthenshire

Meigant ✛

Meilir ✛
MEILYR
Meilir ap Hwfa

Meilyr ✛
Meilyr Brydydd, fl. 1100–37, un o'r
Gogynfeirdd cyntaf, bardd llys i
Gruffudd ap Cynan yn Aberffraw, Ynys
Môn
Meilyr Brydydd (prydydd = poet),
fl. 1100–37, one of the earliest poets of the
princes. Court poet to Gruffudd ap Cynan
at Aberffraw, Ynys Môn

Meilyg ✛
Meilyg fab Caw, sonnir amdano yn
Culhwch ac Olwen
Meilyg fab Caw, mentioned in Culhwch ac
Olwen

Meilys ✛ ✪
Mai = *May* + llys = *flower, plant*

Meingwyn ✛
main = *slender* + gwyn = *white*

Meinir ✪
meinir = *maiden*

Meinwen ✪
main = *slender* + gwen = *white, maiden*

Meira ✪
MAIR

Meirchion ✛
tad-cu Urien a Llywarch Hen
Meirchion ap Caswallon
Meirchion ap Glywys
Tremeirchion, Sir Fflint
meirch = *horses*
grandfather of Urien and Llywarch Hen
Tremeirchion, Flintshire

Meirian ✪
ffurf anwes ar MAIR
affectionate form of MAIR

Meirion ✛
Meirion ap Tybion, ŵyr Cunedda, a
roes ei enw i Feirionnydd
Meirion ap Tybion, grandson of Cunedda,
who gave his name to Meirionnydd

Meiriona ✪
MEIRION

Meiriones ✪
MEIRION
gwraig Owain Gwynedd
wife of Owain Gwynedd

Meirionwen ✪
Meirion + gwen = *white*

Meirwen ✪
MAIRWEN
Mair + gwen = *white*

Meirwyn ✛
Mair + gwyn = *white*

Meiwyn ✛
Mei + gwyn = *white*

Melangell ✪
merch Rhicwlff ap Tudwal ac Ethni,

nawddsant ysgyfarnogod. Cysegrir
eglwys iddi ym Mhennant Melangell,
Sir Drefaldwyn
angel = *angel*, angell = coes, asgell =
leg, talon, wing
daughter of Rhicwlff ap Tudwal and Ethni,
patron saint of hares. A church is dedicated
to her at Pennant Melangell,
Montgomeryshire

Melar ✣
MELOR

Meleri ⚙
ELERI
Meleri ferch Brychan
gwraig Ceredig ap Cunedda, 410*
mam-gu Dewi Sant, merch Brychan
Brycheiniog
my, *endearment* + Eleri
wife of Ceredig ap Cunedda, 410*
grandmother of St David, daughter of
Brychan Brycheiniog

Melfa ⚙
? mêl = *honey*

Melfyn ✣
MERFYN

Melina ⚙

Melor ✣
MELAR, MEILYR

Melwas ✣
enw cynnar ac yn y chwedlau
Arthuraidd
? mêl = *honey* + gwas = *servant*
an early name, and a character in the
Arthurian legends

Melyn ✣
BELYN
Melyn fab Cynfelyn
= *yellow*

Men ⚙
MENNA
cariad Eifion Wyn, Eliseus Williams,
1867–1926 yn ei gerddi
love of Eifion Wyn, Eliseus Williams, 1867–
1926 in his poems

Menai ⚙
Afon Menai
Menai Straits

Menna ⚙
cariad Alun Mabon yn y gerdd gan
Ceiriog
love of Alun Mabon in the poem by Ceiriog

Menw ⚙
MENNA

Merddyn ✣
MYRDDIN

Merêd ✣
ffurf anwes ar MEREDUDD
affectionate form of MEREDUDD

Meredith ✣ ⚙
MEREDUDD

Meredudd ✣
MAREDUDD
Meredudd ap Rhys, fl. 1450–85,
uchelwr, bardd ac offeiriad o Riwabon
Meredudd ap Rhys, fl. 1450–85, nobleman,
poet and clergyman from Ruabon

Meredydd ✣
MEREDUDD

Mererid ✿
MARGED, MERIERID
> Groeg, *margarites* = perl
Mererid Hopwood, y ferch gyntaf i
ennill y gadair yn yr Eisteddfod
Genedlaethol, Dinbych, 2001
> *Greek*, margarites = *pearl. Equivalent
of Margaret*
*Mererid Hopwood, first woman to win the
chair in the National Eisteddfod, Denbigh,
2001*

Merfyn ✛
MYRDDIN
Merfyn Frych, –844, brenin Gwynedd,
tad Rhodri Fawr
Merfyn ap Rhodri Mawr
*Merfyn Frych, –844, king of Gwynedd,
father of Rhodri Fawr* (mawr = *great*)

Meri ✿
MARI

Merian ✿
Mari + Ann
neu ffurf anwes ar MARI
or affectionate form of MARI

Mericl ✿
MERYL
> Gwyddeleg, Muirgheal, *muir* = môr
+ *geal* = disglair
> *Irish, Muirgheal,* muir = *sea* + geal =
bright

Merierid ✿
MERERID

Merin ✛
Merin ap Seithennin

Merlyn ✛
MYRDDIN

Meryl ✿
MERIEL

Metros ✿

Meudwen ✿
meudwy = *hermit* + gwen = *blessed*

Meugan ✛
sant a gysylltir â Llanfeugan, Powys
saint associated with Llanfeugan, Powys

Meurig ✛
> Lladin, Mauritius = Mŵr
Meurig ap Tewdrig, brenin Glywysing,
Morgannwg, 6ed ganrif, tad-cu Morgan
Meurig ap Dyfnwallon, pennaeth
Ceredigion, 850*
Meurig ap Rhodri Mawr
afon yng Ngheredigion, Ystrad Meurig
> *Latin, Mauritius = Moor*
*Meurig ap Tewdrig, king of Glywysing,
Glamorgan, 6th century, grandfather of
Morgan*
*Meurig ap Dyfnwallon, chief of Ceredigion,
850**
a river in Ceredigion, Ystrad Meurig

Meuryn ✛
my (anwes) + euryn
hen enw afon
enw barddol Robert John Rowlands,
1880–1967
my *(endearment)* + euryn = *gold one*
old river name
*bardic name of Robert John Rowlands,
1880–1967*

Miall ✛
D Miall Edwards, 1873–1941, llenor a
gwladgarwr
*D Miall Edwards, 1873–1941, writer and
patriot*

Mihangel ✛
MEICAL
> Hebraeg = pwy sydd fel yr
Arglwydd?

Llanfihangel, enw sawl lle
> Hebrew = *who is like the Lord?*
Llanfihangel, the name of many places

Milwyn ✤
GWYNFIL

Minwel ✿

Mirain ✿
mirain = *refined, fair*

Miriam ✿
> Hebraeg = un y deisyfwyd amdani
> *Hebrew = one who was longed for*

Moc ✤
ffurf anwes ar MORGAN
affectionate form of MORGAN

Modlen ✿
MADLEN, MAGDALEN
ffurf anwes ar MAGDALEN
affectionate form of MAGDALEN

Modron ✿
MADRON
Modron ferch Afallach
duwies Geltaidd, y fam fawr
afon Marne
*Celtic goddess, the great mother
river Marne*

Modwen ✿
?# MORWEN

Modwenna ✿
MODWEN

Moelona ✿
LONA
o enw fferm Moelon
enw barddol Elizabeth Mary Jones,
1878–1953
moel = *hill, bare*

*from Moelon farm
pseudonym of the writer Elizabeth Mary
Jones, 1878–1953*

Moelwen ✿
moel = *hill, bare* + gwyn = *white*

Moelwyn ✤
mynydd ger Ffestiniog
moel = *hill* + gwyn = *white*
a mountain near Ffestiniog

Môn ✤
Môn = *Anglesey*

Mona ✿
> Gwyddeleg, Muadhnait, *muadh* =
bonheddig; neu Môn + a
enw santes Wyddelig
> *Irish, Muadhnait, muadh = noble;*
or Môn = Anglesey
name of Irish saint

Môr ✤
Môr ap Llywarch
= *sea*

Mordaf ✤
Mordaf Hael, o'r Hen Ogledd a aeth i
ddial ar Elidir Mwynfawr, un o dri gŵr
hael Ynys Prydain, gyda Nudd a
Rhydderch
*Mordaf Hael, of the Old North, who took
revenge on Elidir Mwynfawr, one of the
three generous men of Britain, with Nudd
and Rhydderch*

Mordeyrn ✤
mawr = *great* + teyrn = *ruler*

Moren ✤
sonnir amdano yn Culhwch ac Olwen
mentioned in Culhwch ac Olwen

Morewenna ✲
\# MORWENNA
Morewenna ferch Brychan

Morfael ✛
Morfael ap Cyndrwyn, sant o'r
6^{ed} ganrif
mawr = *great* + mael = *prince*
Morfael ap Cyndrwyn, saint of the
6th century

Morfen ✲
\# MORWEN

Morfin ✛

Morfina ✲

Morfran ✛
mab Tegid, un o farchogion Arthur a
mab Tegid Foel a Ceridwen
mawr = *great* + brân = *crow*
son of Tegid, one of Arthur's knights and
the son of Tegid Foel and Ceridwen

Morfryn ✛
mawr = *great* + bryn = *hill*

Morfudd ✲
merch Urien Rheged, yn ôl Culhwch ac
Olwen
Morfudd ferch Merwydd Hir, gwraig
Owain Gwynedd
un o gariadon Dafydd ap Gwilym,
14^{eg} ganrif
daughter of Urien Rheged, according to
Culhwch ac Olwen
Morfudd ferch Merwydd Hir, wife of Owain
Gwynedd
one of the lovers of Dafydd ap Gwilym,
14th century

Morfydd ✲
\# MORFUDD
Morfydd Llwyn Owen,

cyfansoddwraig, 1891–1918
Morfydd Llwyn Owen, composer,
1891–1918

Morgan ✛ ✲
\# MARGAN
chwaer Arthur, efallai, hefyd yn
ymgorfforiad o'r fam dduwies fawr
Morgan Mwynfawr, ŵyr i Meurig ap
Tewdrig, a roes ei enw i Forgannwg,
fl. 730
Morgan Hen ab Owen, –975, brenin
Morgannwg
môr = *sea* + geni = *to be born, equivalent*
of Irish Muirgen
sister of Arthur, also perhaps an incarnation
of the great mother goddess
Morgan Mwynfawr (wealthy), grandson of
Meurig ap Tewdrig who gave his name to
Glamorgan, fl. 730
Morgan Hen (Old) ab Owen, –975, king of
Glamorgan

Morgant ✛
Morgant Mwynfawr, brenin a
ymladdodd gydag Urien Rheged ac
yna'i ladd
Morgant mab Athrwys, brenin
Morgannwg, 8^{fed} ganrif
Morgant mab Owain, brenin
Morgannwg, 10^{fed} ganrif
Morgant Mwynfawr (wealthy), king who
fought with Urien Rheged and then killed
him
Morgant mab Athrwys, king of Glamorgan,
8th century
Morgant mab Owain, king of Glamorgan,
10th century

Moried ✛
milwr a aeth i Gatraeth
a warrior who fought at Catraeth

Morien ✣
Morien ap Cadwr
milwr a aeth i Gatraeth (gw. Aneirin)
môr = *sea* + geni = *be born*
soldier who went to Catraeth (v. Aneirin)

Morlais ✣
esgob Bangor, 10ᶠᵉᵈ ganrif
môr = *sea or* mawr = *great* + llais =
voice or clais = ffos = *ditch*
bishop of Bangor, 10ᵗʰ century

Mornant ✣
mawr = *great* + nant = *stream*

Morris ✣
Morys

Morudd ✣
Morudd ab Aeddan
Morudd ap Llywarch Hen

Morus ✣
Morys

Morwen ☺
morwyn = *maid or* mawr = *great or* môr
= *sea or* mor = *so* + gwen = *white*

Morwenna ☺
Morwen, Morewenna

Morwyn ☺
morwyn = *maid*

Morys ✣
Meurig
> Lladin, Mauritius = Mŵr
Morus ap Dafydd, fl. 1523–90, bardd o
Eifionydd
> *Latin, Mauritius = Moor*
Morus ap Dafydd, fl. 1523–90, poet from
Eifionydd, Gwynedd

Mostyn ✣
teulu Mostyn, Fflint
enw lle ger y Fflint
Mostyn family, Flint
a place near Flint

Mwyndeg ☺
santes, merch Brychan, 5ᵉᵈ ganrif
mwyn = *gentle* + teg = *fair*
saint, daughter of Brychan, 5ᵗʰ century

Mwynen ☺
mwyn = *gentle*

Mwynwen ☺
Mwynwen ferch Brychan
mwyn = *gentle* + gwen = *white*

Myddfai ✣
plwyf yn Sir Gaerfyrddin
a parish in Carmarthenshire

Myfanwy ☺
my (anwes) + manwy = cain, prin
Myfanwy ferch Tudur Trefor, testun
cerdd gan Hywel ab Einion Llygliw,
1350–90
cân gan Joseph Parry, 1841–1903
my *(endearing)* + manwy = *fine, rare*
Myfanwy ferch Tudur Trefor, subject of
poem by Hywel ab Einion Llygliw, 1350–90
song by Joseph Parry, 1841–1903

Myfi ☺
ffurf anwes ar Myfanwy
affectionate form of Myfanwy

Myfina ☺
Myfi, Myfanwy

Myfyr ✣
> Lladin, *memoria* = cof
Myfyr Morganwg, enw barddol Evan
Davies, 1801–88, Archdderwydd Cymru
Myfyr Wyn, William Williams,

1849–1900, bardd, gof, hanesydd o
Dredegar
> *Latin,* memoria = *memory*
*Myfyr Morganwg, bardic name of Evan
Davies, 1801–88, Archdruid of Wales
Myfyr Wyn, William Williams, 1849–1900,
poet, smith, historian from Tredegar*

Myllin ✛
sant a gysylltir â Llanfyllin, Powys
a saint associated with Llanfyllin, Powys

Mymbyr ✛
Mymbyr ap Madog
nant yng Ngwynedd
a stream in Gwynedd

Mynogan ✛
Manogan

Mynorydd ✛
mynor = marmor
mynor = *marble*

Mynyddog ✛
mynydd ger Llanbrynmair
Mynyddog Mwynfawr, ei osgordd ef a
aeth i Gatraeth (gw. Aneirin)
Mynyddog, Richard Davies, 1833–77,
bardd ac arweinydd eisteddfodau, o
Lanbrynmair
mynydd = *mountain*
*mountain near Llanbrynmair
Mynyddog Mwynfawr, whose troop fought
at Catraeth (Catterick) (v. Aneirin)
Mynyddog, Richard Davies, 1833–77, poet
and eisteddfod compere of Llanbrynmair*

Myrdeg ✺
teg = *fair*

Myrddin ✛
Merfyn
Myrddin Wyllt, proffwyd gwleidyddol
a rhyfelwr yn yr Hen Ogledd. Ar ôl
marw ei arglwydd Gwenddoleu, aeth
Myrddin yn wallgof a byw yn fforest
Celyddon, yn ne'r Alban
Myrddin Emrys, swynwr yn llys y
Brenin Arthur
Caerfyrddin, a gysylltir ar gam â
Myrddin
*Myrddin Wyllt (wild), a political prophet
and warrior in the Old North. After the
death of his protector Gwenddoleu,
Myrddin went mad and lived in Celyddon
forest in southern Scotland
Myrddin Emrys (Merlin), magician in
King Arthur's court
Caerfyrddin (Carmarthen), falsely
associated with Myrddin*

Myriel ✺
Meriel

N

Nan ☺
ffurf ar ANN
a form of ANN

Nanno ☺
NAN

Nannon ☺
ffurf anwes ar RHIANNON
affectionate form of RHIANNON

Nans ☺
NANSI
ffurf anwes ar ANN
affectionate form of ANN

Nansi ☺
NANS
ffurf anwes ar ANN
affectionate form of ANN

Nant ☺
nant = *stream*

Nantlais +
Nantlais Williams, 1874–1959, emynydd
a phregethwr
nant = *stream* + clais = *ditch or* llais = *voice*
Nantlais Williams, 1874–1959, preacher and hymnwriter

Nantlys ☺
nant = *stream* + llys = *plant*

Nanw ☺
NAN

Nanwen ☺
Nan + gwen = *white*

Ned +
ffurf ar EDWARD
a form of EDWARD

Neda ☺
NEDW

Nedw +
ffurf ar NED
a form of NED

Neddig +
milwr a fu yng Nghatraeth
a warrior who fought at Catraeth

Nefydd + ☺
merch Brychan, 5^{ed} ganrif
Nefydd ap Llywarch Hen
enw barddol William Roberts, 1813–72, gweinidog, argraffydd, llenor
daughter of Brychan, 5th century
bardic name of William Roberts, 1813–72, minister, printer, writer

Nefyl +
> enw Normanaidd, Nevil o Neuville
> Norman name, Nevil from Neuville

Nefyn + ☺
NYFAIN
merch Brychan, 5^{ed} ganrif
Nefyn, Arfon
daughter of Brychan, 5th century

Neifion +
cyfateb i Neptune
equivalent of Neptune

Neirin +
ANEIRIN

Nennog +

Santes Non
Saint Non

Tom Nefyn

Nerys ✪
GENERYS
? nêr = arglwydd
? nêr = *lord*

Nes ✪ ✢
NEST, NESTA

Nest ✪
ffurf anwes ar AGNES
Nest ferch Rhodri Mawr, mam Morgan merch Rhys ap Tewdwr a mam-gu Gerallt Gymro, meistres Harri I o Loegr, 1100*
Nest ferch Rhys ap Gronw, gwraig Ifor Hael, 1350*
Nest ferch Cadell, tywysog Powys, 800*, mam Merfyn Frych
un o gariadon Hywel ab Owain Gwynedd
affectionate form of AGNES
*Nest ferch Rhodri Mawr, mother of Morgan daughter of Rhys ap Tewdwr, grandmother of Gerallt Gymro (Gerald the Welshman), mistress of Henry I, 1100**
*Nest ferch Rhys ap Gronw, wife of Ifor Hael, 1350**
Nest ferch Cadell, daughter of Cadell, prince of Powys, 800, mother of Merfyn Frych*
one of the loves of Hywel ab Owain Gwynedd

Nesta ✪
NEST

Nia ✪
yn ôl chwedloniaeth Wyddelig aeth Nia gydag Osian i Dir na n-Og
according to Irish legend, Nia went with Osian to Tir na n-Og, land of youth

Niclas ✢
> Groeg, *nike* = buddugoliaeth + *laos* = y bobl. Cyfateb i Nicholas
Niclas y Glais, T E Nicholas, 1879–1971, bardd a chomiwnydd
> *Greek,* nike = *victory* + laos = *the people. Equivalent of Nicholas*
Niclas y Glais, T E Nicholas, 1879–1971, poet and communist

Nidian ✢
sant cynnar
an early saint

Ninian ✢
sant cynnar, –432
Parc Ninian, Caerdydd
early saint, –432
Ninian Park, Cardiff

Nisien ✢
mab Euroswydd, hanner brawd Bendigeidfran yn y Mabinogi
son of Euroswydd, half brother of Bendigeidfran in the Mabinogion

Noa ✢ ✪
> Hebraeg = cysur
> *Hebrew = comfort*

Noel ✢ ✪
> Lladin, *natalis* = yn perthyn i enedigaeth
> *Latin,* natalis = *related to birth*

Noelwyn ✢
? Noel + gwyn = *white*

Noelyn ✢
NOEL

Non ✪
NONNITA, NONNA
santes, 5ed–6ed ganrif, merch Cynyr, mam Dewi Sant, dydd gŵyl 2 Mawrth
saint, 5th –6th century, daughter of Cynyr, mother of St David, celebrated, 2 March

Nona ⊙
amrywiad ar Non, neu > Lladin = 9^{fed}
variant of Non, or > Latin = 9th

Nonna ⊙
Non, Nona

Nonwyn ⊙
Non
Non + gwyn = *white*

Nora ⊙
> Lladin, *honor* = bri, prydferthwch
> *Latin, honor = reputation, beauty*

Now ✛
ffurf anwes yng ngogledd Cymru ar
Owen
affectionate form in north Wales of Owen

Nudd ✛
Llŷr
ffigur chwedlonol
Nudd ap Beli
Edern fab Nudd, swynwr a brawd
brenin Annwfn
Gwyn ap Nudd, duw'r cymylau a'r
awyr
Nudd Hael, o'r Hen Ogledd
legendary figure
Edern fab Nudd, magician and brother of
the king of the Underworld
Gwyn ap Nudd, god of clouds and air
Nudd Hael (generous), of the Old North

Nwython ✛
tad Heinif, milwr yng Nghatraeth
father of Heinif, a warrior at Catraeth

Nyfain ⊙
Nyfain ferch Brychan
Nyfain, daughter of Brychan

O

Odwyn ✛
cawr chwedlonol
Llanbadarn Odwyn, Ceredigion
od = *snow* + gwyn = *white*
a legendary giant

Ogwen ✛
afon a dyffryn yng Ngwynedd
a river and valley in Gwynedd

Olaf ✛
olaf = *last*

Oleuli ✛
goleu = *light* + lli = *stream*

Olwen ⊙
merch Ysbaddaden Bencawr yn
Culhwch ac Olwen. Roedd meillion yn
tyfu lle y cerddai
ôl = *trace* + gwen = *white*
daughter of Ysbaddaden Bencawr (= chief
giant) in Culhwch ac Olwen. Clovers grew
where she walked

Olwenna ⊙
Olwen

Onfael ✛
pentref ym Mrycheiniog
mael = *prince*
a village in Breconshire

Onfel ✛
Onfael

Owain Glyndŵr

Orig Williams

Owen Morgan
Edwards

Onllwyn ⊹
pentref yng Nghwm Dulais,
Morgannwg
onn = *ash* + llwyn = *grove*
a village in Cwm Dulais, Glamorgan

Onnen ⊹
= *hazel tree*

Onwen ⊹

Orchwy ⊹
afon, Treorci, Morgannwg
a river, Treorci, Glamorgan

Oriel ⊹
oriel = *gallery*

Orig ⊹
Orwig

Orwig ⊹
Dinorwig, Gwynedd; din = amddiffynfa
Dinorwig, Gwynedd; din = *defence*

Osfael ⊹
mab Cunedda
son of Cunedda

Osian ⊹
bardd yn chwedloniaeth Iwerddon
poet in Irish legend

Oswael ⊹
Ysfael, Osfael
Oswael ap Cunedda Wledig

Oswallt ⊹
> Hen Saesneg, *os* = duw + *weald* =
nerth. Cyfateb i Oswald
Croesoswallt
> *Old English,* os = *god* + weald=
power. Equivalent of Oswald
Croesoswallt = *Oswestry*

Oswyn ⊹

Owain ⊹
> Hen Gelteg, Esugenios = wedi'i eni'n
dda
Owain mab Macsen Wledig
Owain Gwynedd ap Gruffudd ap
Cynan, 1100*–71, brenin Gwynedd
Owain Cyfeiliog, 1130*–97, tywysog a
bardd o Bowys
Owain ap Cadwgan, –1116, tywysog
Powys
Owain ap Hywel Dda, 950*
Owain Glyn Dŵr – gw. Glyndŵr
> *Old Celtic, Esugenios = well born*
Owain son of Macsen Wledig
Owain Gwynedd ap Gruffudd ap Cynan,
1100–71, king of Gwynedd*
Owain Cyfeiliog, 1130–97, prince and*
poet from Powys
Owain ap Cadwgan, –1116, prince of
Powys
Owain Glyn Dŵr, see Glyndŵr

Owen ⊹
Owain
Owen Morgan Edwards, 1858–1920,
hanesydd, llenor, cyhoeddwr
Owen Morgan Edwards, 1858–1920,
historian, writer, publisher

Owena ⊙
Owen

P

Pabo ✛
Pabo Post Prydain, claddwyd yn
Llanbabo, Ynys Môn
*Pabo Post Prydain (pillar of Britain), buried
at Llanbabo, Ynys Môn*

Padarn ✛
> Lladin, *paternus* = tadol
sant o'r 6^{ed} ganrif, ŵyr Ynyr Llydaw, un
o dri phrif sant de Cymru, sefydlydd
Llanbadarn
Padarn Beisrudd, tad-cu Cunedda
Llanbadarn, Ceredigion
> *Latin,* paternus = *fatherly*
*6th century saint, grandson of Ynyr Llydaw,
one of the three main saints of south Wales,
founder of Llanbadarn*
Padarn Beisrudd, grandfather of Cunedda

Padrig ✛
> Lladin, *patricus* = bonheddwr
nawddsant Iwerddon, o ddyffryn
Hafren, –461
> *Latin,* patricus = *nobleman*
*patron saint of Ireland, from vale of Severn,
–461*

Parri ✛
> AP + HARRI
= *the son of* HARRI

Pasgen ✛ ◎
Pasgen ab Urien Rheged
mab Brychan Brycheiniog
Pasg = Easter
son of Brychan Brycheiniog

Pawl ✛
> Lladin, *paulus* = bach
enw Beiblaidd
Pawl Hen, Abad y Tŷ Gwyn, addysgwr
Dewi Sant
> *Latin,* paulus = *small*
Biblical name
*Pawl Hen (hen = old), Abbot of White
House, educator of St David*

Peblig ✛
sant a gysylltir â Llanbeblig, Gwynedd
mab i Elen (Elen Lwyddog) a Macsen
Wledig
*saint associated with Llanbeblig, Gwynedd
son of Elen (Elen Lwyddog) and Macsen
Wledig*

Pedr ✛
> Groeg, *petros* = carreg
enw Beiblaidd
Pedr ap Glywys
Pedr Fardd, Peter Jones, 1775–1845,
bardd ac emynydd
Pedr Hir, Peter Williams, 1847–1922,
llenor, eisteddfodwr, gweinidog o
Ddyffryn Clwyd
> *Greek,* petros = *stone, rock*
Biblical name
*Pedr Fardd, Peter Jones, 1775–1845, poet
and hymnwriter*
*Pedr Hir, Peter Williams, 1847–1922,
writer, literary figure, minister from Vale of
Clwyd*

Pedran ✛
ffurf anwes ar PEDR
nant rhwng Sir Benfro a Chaerfyrddin
affectionate form of PEDR
*a stream between Pembrokeshire and
Carmarthenshire*

Pedrog ✛
Pedr + og (bychanig)
sant o'r 6ᵉᵈ ganrif, mab Glywys, Brenin
Morgannwg, dydd gŵyl 4 Mehefin
Llanbedrog, Gwynedd
Pedr + og (diminutive)
saint of 6ᵗʰ century, son of Glywys, king of
Glamorgan, celebrated 4 June

Peleg ✛

Penar ✛
PENNAR
enw barddol Griffith Penar Davies,
1860–1918, gweinidog ac awdur
bardic name of Griffith Penar Davies,
1860–1918, minister and author

Penarddun ❂
mam Nisien ac Efnisien yn y Mabinogi
mother of Nisien and Efnisien in the
Mabinogion

Pendaran ✛
Pendaran Dyfed, tad Pryderi
pen = *chief* + taran = *thunder or*
derwen = *oak*
Pendaran Dyfed, father of Pryderi

Penfro ✛
pen = *head* + bro = *region, country*
Penfro = *Pembroke*

Pennant ✛
Thomas Pennant, 1726–98,
hynafiaethydd a theithiwr o Fflint
Cwm Pennant, Gwynedd
pen = *head* + nant = *stream*
Thomas Pennant, 1726–98, antiquary and
traveller from Flint
Pennant Valley, Gwynedd

Pennar ✛
nant yn llifo i'r Taf
Aberpennar
Pennar Davies, 1911–96, prifathro coleg
diwinyddol a llenor
pen = *head* + ar(dd) = *hill*
a stream flowing into the Taff
Pennar Davies, 1911–96, principal of
theological college and author

Penri ✛
> AP HENRI
John Penry, 1536–93, Piwritan a
merthyr o Gefn Brith, Brycheiniog
= *the son of* HENRI
John Penry, 1536–93, Puritan and martyr
from Cefn Brith, Breconshire

Penrhyn ✛
penrhyn = *peninsula*

Penwyn ✛
pen = *head* + gwyn = *white*

Peredur ✛
peri = gwaywffon + dur
Peredur fab Efrog, un o chwedlau'r
oesoedd canol
rhyfelwr yn Swydd Efrog yn y
Gododdin
peri = *spear* + dur = *steel*
Peredur fab Efrog, one of the tales of the
Middle Ages, equivalent of Percival
warrior in Yorkshire in the Gododdin

Peris ✛
sant, cardinal o Rufain
llyn Peris, Llanberis, Gwynedd
a saint, a cardinal of Rome
Peris lake, Llanberis, Gwynedd

Perl ❂
perl = *pearl*

Pernant ✛
pêr = *sweet* + nant = *stream*

Peryf ✛
Peryf ap Cedifor Wyddel, fl. 1170,
brawd maeth i Hywel ab Owain
Gwynedd
*Peryf ap Cedifor Wyddel, fl. 1170, foster
brother of Hywel ab Owain Gwynedd
(Gwyddel = Irishman)*

Petra ⊙
> Lladin, *petra* = carreg
> *Latin,* petra = *stone*

Petran ✛
PEDRAN

Peulan ✛

Pirs ✛
PEDR, PYRS, PERYS
Pirs Griffith, 1568–1628, o deulu'r
Penrhyn, Caernarfon
*Pirs Griffith, 1568–1628, of the Penrhyn
family, Caernarfon*

Plennydd ✛
un o'r beirdd cynharaf yn ôl traddodiad
*one of the earliest poets according to
tradition*

Powel ✛
> AP HYWEL
= *the son of* HYWEL

Powys ✛
hen deyrnas a sir
old kingdom and county

Prisiart ✛
> AP RHISIART
= *the son of* RHISIART

Prosser ✛
> AP RHOSIER
E Prosser Rhys, 1901–45, bardd
= *the son of* RHOSIER
E Prosser Rhys, 1901–45, poet

Prothero ✛
PRYDDERCH, RHYDDERCH

Prydain ✛
Prydain ab Aedd Mawr
= *Britain*

Pryderi ✛
mab Pwyll a Rhiannon yn y Mabinogi.
Roedd pryder ar ôl iddo fynd ar goll
pryder = *care, concern*
*son of Pwyll and Rhiannon in the
Mabinogion. There was concern after he
was lost*

Prydwen ⊙
enw llong Arthur
pryd = *complexion* + gwen = *white*
name of Arthur's ship

Prydwyn ✛
PRYDWEN

Prydyn ✛
Prydain = *Britain*

Prydderch ✛
> AP RHYDDERCH
= *the son of* RHYDDERCH

Prys ✛
> AP RHYS
= *the son of* RHYS

Prysor ✛
nant yn Sir Feirionnydd, y canodd
Hedd Wyn amdani
*a stream in Meironnydd, made well-known
in a poem by Hedd Wyn*

Prysorwen ⊙
Prysor + gwen = *white*

Puw +
> ap Huw
= *the son of Huw*

Pwyll +
Pendefig Dyfed, gŵr Rhiannon, yn chwedlau'r Mabinogi
pwyll = *discretion, steadiness*
Lord of Dyfed, husband of Rhiannon, in the Mabinogion tales

Pyll +
milwr a fu yng Nghatraeth
a warrior who fought at Catraeth

Pyrs +
Pedr, Perys
gall fod yn cyfateb i Pearse, o Pedr, neu i Perys
esgob Tyddewi, 1176–98
could be equivalent of Pearse, from Pedr (Peter), or Perys
bishop of St David's, 1176–98

PH

Phylip +
> Groeg = carwr ceffylau
enw Beiblaidd, un o'r apostolion
Phylip Brydydd, fl. 1222, bardd
Phylip Goch, –1280, abad Ystrad Fflur
> *Greek = lover of horses*
Biblical name, one of the apostles, equivalent of Philip
Phylip Brydydd (prydydd = poet), fl. 1222, poet
Phylip Goch (coch = red), –1280, abbot of Ystrad Fflur (Strata Florida)

R

Ragnell ⊛
#Rhagnell, Rhanillt

Rahel ⊛
> Hebraeg, Rachel = dafad
> *Hebrew, Rachel = sheep*

Rainillt ⊛
merch Gruffudd ap Cynan ac Angharad
daughter of Gruffudd ap Cynan and Angharad

Rebeca ⊛
Beca
enw Beiblaidd
yr enw ar arweinydd y rhai a gymerodd ran yn nherfysg Rebeca yn Sir Gaerfyrddin (yn bennaf) yn y 19eg ganrif yn erbyn tollbyrth
Biblical name
the name of the leader of those who took part in the Rebecca riots in Carmarthenshire (mainly) in the 19th century against tollgates

Renallt +
Rheinallt

Robat +
Rhobat, Robert
> Hen Almaeneg, Hrodebert, *hrothi* = enwogrwydd + berhta = disglair
> *Old German, Hrodebert,* hrothi = *fame* + berhta = *bright. Equivalent of Robert*

Robart +
Robat

Robet ✚
ROBAT

Robin ✚
ROBAT, ROBYN

Robyn ✚
ROBAT
ffurf anwes ar ROBAT
Robyn Ddu, fl. 1450, cywyddwr
Robyn Ddu Eryri, Robert Parry,
1804–92, bardd
affectionate form of ROBAT
Robyn Ddu, fl. 1450, poet
Robyn Ddu Eryri, Robert Parry,
1804–92, poet

Robyna ✪
ROBYN, ROBAT

Rodric ✚
RHYDDERCH
> Hen Almaeneg, Hrodric, *hrothi* =
enwogrwydd + *ricja* = teyrnasiad, neu
Gwyddeleg, *ruadh* = coch + *ri* = brenin
> *Old German, Hrodric,* hrothi = *fame*
+ ricja = *rule, or Gaelic* ruadh = *red* + ri
= *king*

Rôl ✚
ffurf anwes ar ROLANT
affectionate form of ROLANT

Rolant ✚
> Hen Almaeneg, Hrodland, *hrothi*
= enwogrwydd + *landa* = tir
ffigwr yn chwedlau Siarlymaen
Rolant o Fôn, enw barddol Rowland
Jones, 1909–62, bardd
> *Old German, Hrodland,* hrothi = *fame*
+ landa = *land*
a figure in the Charlemagne tales
Rolant o Fôn, bardic name of Rowland
Jones, 1909–62, poet

Rona ✪
RHONA, RHONWEN

Ronw ✚
GORONWY, GRONW

Ronwen ✪
RHONWEN

Rosser ✚
RHOSIER

Rowena ✪
RHONWEN

RH

Rhael ✪
Rhael ferch Gronw, gwraig Llywarch ap
Brân
Rhael ferch Gronw, wife of Llywarch ap Brân

Rhagfyrun ✢
Rhagfyr = *December*

Rhagnell ✪
merch y Brenin Olaf o Ddulyn a mam
Gruffudd ap Cynan, 11ᵉᵍ ganrif
*daughter of King Olaf of Dublin and mother
of Gruffudd ap Cynan, 11ᵗʰ century*

Rhain ✢
rhain = gwaywffon
mab Brychan
Rhain ap Cadwgan, –808, brenin Dyfed
Rhain ap Hywel Dda
rhain = *spear*
son of Brychan
Rhain ap Cadwgan, –808, king of Dyfed

Rhedyn ✪
rhedyn = *fern*

Rheged ✢
Rheged ap Llywarch Hen
hen diriogaeth Frythonig yng ngogledd
Lloegr
*old Welsh or Brythonic territory in
northern England*

Rheinallt ✢
> Hen Saesneg, *regen* = nerth + *weald*
= grym, neu Rhain + allt
Hywel ap Rheinallt, fl. 1471–94, bardd
> *Old English*, regen = *strength* + weald

= *power,* or Rhain + allt = *hill. Equivalent
of Reynold and Reginald*
Hywel ap Rheinallt, fl. 1471–94, poet

Rheon ✢

Rhiain ✪
RHIAN

Rhiainwen ✪
# RHIANWEN
rhian = *maiden* + gwen = *white*

Rhian ✪
rhian = *maiden*

Rhianna ✪
RHIAN

Rhiangar ✪
rhian = *maiden* + câr = *love*

Rhianedd ✪
# RHIANYDD
rhian = *maiden*

Rhiannon ✪
gwraig Pwyll a mam Pryderi yn y
Mabinogi
duwies Geltaidd ceffylau, Rigantona
= *nymph, goddess*
*wife of Pwyll and mother of Pryderi in the
Mabinogion*
Celtic horse goddess, Rigantona

Rhianwen ✪
rhian = *maiden* + gwen = *white*

Rhianydd ✪
# RHIANEDD
rhian = *maiden*

Rhicart ✢
RHISIART, RICHARD
Rhicart ap Llywarch

Rhidian ✤
Rhydian
sant cynnar a gysylltir â Llanrhidian
early saint associated with Llanrhidian

Rhieingar ○
Rhiangar
Rhieingar ferch Brychan
rhian = *maiden* + câr = *love*

Rhinedd ○
rhin = *secret, quality*

Rhiniog ✤ ○
rhiniog = *mysterious*

Rhinogwen ○
# Rhunogwen
rhiniog = *mysterious* + gwen = *white*

Rhion ✤
rhi = brenin = *king*

Rhirid ✤
Rhiryd
Rhirid Flaidd, fl. 1160, noddwr,
arglwydd ym Mhowys
Rhiryd ap Bleddyn, lladdwyd gan yr
Arglwydd Rhys yn yr 11ᵉᵍ ganrif
rhi = *ruler* + rhidd = *? to repel*
Rhirid Flaidd (blaidd = wolf), fl. 1160,
patron, lord in Powys
Rhiryd ap Bleddyn, killed by Lord Rhys in
the 11ᵗʰ century

Rhisiart ✤
> Hen Saesneg, *ric* = rheolwr + *heard*
= caled
Rhisiart Fynglwyd, fl. 1510–70, bardd
> *Old English*, ric = *ruler* + heard
= *hard. Equivalent of Richard*
Rhisiart Fynglwyd, fl. 1510–70, poet

Rhisierdyn ✤
ffurf anwes ar Rhisiart
affectionate form of Rhisiart

Rhiwallon ✤
> Rigovellaunos = mwyaf brenhinol
Rhiwallon ap Urien Rheged
Rhiwallon ap Cynfyn, –1070, brenin
Powys
tad meddygon Myddfai
> *Rigovellaunos = most regal*
Rhiwallon ap Cynfyn, –1070, king of Powys
father of the physicians of Myddfai

Rhobat ✤
Robat

Rhobet ✤
Robat

Rhodri ✤
Rhodri Mawr ap Merfyn Frych, –877,
brenin Gwynedd, Powys a Deheubarth.
Mab Merfyn Frych a Nest
Rhodri ab Owain Gwynedd, –1195,
tywysog yng Ngwynedd
rhod = *a circle* + rhi = *a ruler*
Rhodri Mawr ap Merfyn Frych, –877, king
of Gwynedd, Powys and south-west Wales.
Son of Merfyn Frych and Nest
Rhodri ab Owain Gwynedd, –1195, prince
in Gwynedd

Rhodd ✤ ○
rhodd = *gift*

Rholand ✤
Rolant

Rhona ○
ffurf anwes ar Rhonwen
affectionate form of Rhonwen

Rhonabwy ✤
Breuddwyd Rhonabwy, chwedl 1220*,
yn clodfori oes Arthur
Breuddwyd Rhonabwy (breuddwyd =
dream), a tale written 1220, praising the*
age of Arthur

Rhonda

Rhonda ☉
RHONWEN

Rhondda ✚ ☉
> Gwyddeleg, *rádim* = llefaraf, am enw afon
Cwm Rhondda, de Cymru
> *Irish*, rádim = *I talk, used for river name*
Rhondda Valley, south Wales

Rhonwen ☉
>? Hen Saesneg, Hrodwyn, *hreod* = enwogrwydd + *wine* = cyfaill. Cyfateb i Rowena, neu Cymraeg = gwayw, neu, rhawn + gwen
merch Hengist, ail wraig Gwrtheyrn, yn ôl Sieffre o Fynwy (gw. Alys)
>? *Old English, Hrodwyn, hreod = fame + wine = friend. Equivalent of Rowena, or > rhôn = lance, or, horse hair + gwen = white daughter of Hengist, second wife of Gwrtheyrn (Vortigern), according to Geoffrey of Monmouth (v. Alys)*

Rhosan ☉
afon ym Mhowys
a river in Powys

Rhosier ✚
> Hen Almaeneg, Hrodgar, *hrothi* = enwogrwydd + *ger* = gwayw. Cyfateb i Roger a Rosser
> *Old German, Hrodgar, hrothi = fame + ger = spear. Equivalent of Roger and Rosser*

Rhoslyn ✚ ☉
rhos = *rose or moor* + lyn = glyn = *valley, or from* LUNED

Rhoswen ☉
rhos = *rose or moor* + gwen = *white, fair*

Rhoswy ☉
rhos = *rose or moor*

Rhosydd ☉
RHOSYN

Rhosyn ☉
rhosyn = *rose*

Rhuanedd ☉
RHIANEDD

Rhudd ✚
Rhudd ap Llywarch Hen
rhudd = *red*

Rhuddian ☉
RHYDIAN

Rhufawn ✚
RHUFON

Rhufon ✚
> Lladin, Romanus = Rhufeiniwr
mab Cunedda
Rhufoniog, ardal rhwng Clwyd a Chonwy
> *Latin, Romanus = Roman son of Cunedda
Rhufoniog, a district between Clwyd and Conwy*

Rhun ✚
cymeriad yn Chwedl Taliesin
Rhun ap Beli
Rhun ab Urien Rheged, 6ed ganrif
Rhun ap Brychan
Rhun ap Maelgwn Gwynedd, fl. 550, rheolwr gogledd-orllewin Cymru
Rhun ab Owain Gwynedd, –1145, tywysog
*character in The Tale of Taliesin
Rhun ab Urien Rheged, 6th century
Rhun ap Maelgwn Gwynedd, fl. 550, ruler of north-west Wales
Rhun ab Owain Gwynedd, –1145, prince*

Rhys Mwyn

Yr Arglwydd Rhys

Rhydderch Jones

Rhys Ifans

Rhunedd ○
R<small>HUN</small>

Rhunli ✢

Rhunogwen ○
Rhun + Ogwen

Rhydfen ✢
R<small>HYDWEN</small>

Rhydian ✢
R<small>HIDIAN</small>
sant a gysylltir â Llanrhidian, Gŵyr
a saint associated with Llanrhidian, Gower

Rhydion ✢
R<small>HYDIAN</small>

Rhydwen ✢
Rhydwen Williams, 1916–97, bardd a
nofelydd o'r Rhondda
rhyd = *ford* + gwen = *white*
*Rhydwen Williams, 1916–97, poet and
novelist from Rhondda*

Rhydwenfro ✢
rhyd = *ford* + gwen = *white* + bro =
region, country

Rhydwyn ✢
R<small>HYDWEN</small>

Rhyddan ✢
nant yn Sir Gaerfyrddin
a stream in Carmarthenshire

Rhydderch ✢
? rhy + ? derch = dyrchafol
Rhydderch Hael neu Hen, fl. 590,
disgynnydd i Coel, un o brif reolwyr yr
Hen Ogledd yn Ystrad Clud,
ymladdodd gydag Urien
? rhy = *very* + ? derch = *exalted*
Rhydderch Hael or Hen, fl. 590, descendant

*of Coel, one of the main rulers of the Old
North in Strathclyde, fought with Urien*

Rhyddid ✢ ○
rhyddid = *freedom*

Rhygyfarch ✢
un o 4 mab Sulien Ddoeth, mynach
ac awdur Buchedd Dewi, 11^{eg} ganrif
*one of the 4 sons of Sulien Ddoeth (doeth
= wise), monk who wrote Life of St David,
11th century*

Rhys ✢
? rhys = gordd neu wychder
seisnigwyd i Rees a Rice
Rhys ap Tewdwr, –1093, brenin
Deheubarth
Rhys ap Gruffudd, 1132–97, arglwydd
Deheubarth
? rhys = *sledgehammer or splendour*
anglicized as Rees and Rice
*Rhys ap Tewdwr, –1093, king of south-west
Wales*
*Rhys ap Gruffudd, 1132–97, lord of south-
west Wales*

Rhysian ✢
R<small>HYS</small>

Rhystud ✢
Rhystud ap Hywel Fychan
sant o'r 6^{ed} ganrif
Llanrhystud, Ceredigion
saint of the 6th century

Rhysyn ✢
ffurf anwes ar R<small>HYS</small>
affectionate form of R<small>HYS</small>

S

Sadwrn ✛
sant cynnar a gysylltir â Llansadwrn,
Sir Gaerfyrddin
Sadwrn = Saturn, Saturday
early saint associated with Llansadwrn,
Carmarthenshire

Sadyrnin ✛
Sadwrn

Saer ✛
= *carpenter*

Saeran ❂ ✛
Saran, Saeron
Saeran ap Geraint Saer, saer o
Iwerddon
Saeran ap Geraint Saer, a carpenter from
Ireland

Saeron ✛
sant a gysylltir â Llanynys,
Sir Ddinbych
a saint associated with Llanynys,
Denbighshire

Sal ❂
Sara

Sali ❂
Sara

Samlet ✛
sant a gysylltir â Llansamlet, Abertawe
saint associated with Llansamlet, Swansea

Samson ✛
> tarddiad Celtaidd neu Hebraeg, yn
Hebraeg = mab Shamash (duw'r haul)
Samson ap Ceredig, fl. 550, esgob a sant o
Gymru a sefydlodd abaty Dôl yn Llydaw
> *Celtic or Hebrew origin, in Hebrew =*
son of Shamash (sun god)
Samson ap Ceredig, fl. 550, Welsh bishop
and saint who established abbey of Dôl in
Brittany

Samuel ✛
> Hebraeg = enw duw
> *Hebrew = name of god*

Sanan ❂ ✛
Sanant
Sanan ferch Cyngen, gwraig Maelgwn
Gwynedd
Sanan ap Seithennin
Sanan ferch Cyngen, wife of Maelgwn
Gwynedd

Sanant ❂
mam Elisedd, Brenin Powys, a gwraig
Maelgwn Gwynedd
mother of Elisedd, king of Powys, and wife
of Maelgwn Gwynedd

Sandde ✛
Sandde Bryd Angel ap Llywarch Hen
milwr golygus yn llys Arthur
Sandde Bryd Angel (countenance of an
angel) ap Llywarch Hen
a handsome warrior in Arthur's court

Sannan ✛
> Lladin, *sanctus*
nant yn Sir Ddinbych
un o dri sant Llantrisant, Ynys Môn
Llansannan, Sir Ddinbych
> *Latin, sanctus*
a stream in Denbighshire one of the three
saints of Llantrisant, Ynys Môn
Llansannan, Denbighshire

Siôn Corn

Seimon Glyn

Sali Mali

Sant ✢
Sant ap Cedig ap Ceredig, tad Dewi Sant
Sant ap Cedig ap Ceredig, father of St David

Sara ☼
> Hebraeg = tywysoges
> *Hebrew = princess. Equivalent of Sarah*

Saradwen ☼
gwraig Gwyddno Garanhir
wife of Gwyddno Garanhir

Saran ☼
santes Wyddelig
Irish saint

Sawdde ✢
afon yn Sir Gaerfyrddin
river in Carmarthenshire

Sawel ✢
Sawyl
ffurf ar Samuel
sant o'r 6ed ganrif, brawd Dunawd Fyr a thad Sant Asaff o Lanelwy Llansawel yng Nghaerfyrddin a Morgannwg
form of Samuel
6th century saint, brother of Dunawd Fyr a and father of St Asaph of Llanelwy Llansawel in Carmarthenshire and Glamorgan

Sawyl ✢
Sawel
Sawyl ap Pabo Post Prydain, cyfoeswr ag Urien
Sawyl ap Llywarch Hen
Sawyl ap Pabo Post Prydain, contemporary of Urien

Sefin ✢
nant yn Sir Gaerfyrddin
Glansefin
a stream in Carmarthenshire

Sefion ✢
Sefin

Sefnyn ✢
bardd o Fôn, 14eg ganrif
poet from Ynys Môn,
14th century

Seimon ✢
> Hebraeg, Shimeon, enw Beiblaidd
> *Hebrew, Shimeon, Biblical name,*
equivalent of Simon

Seirial ✢ ☼
Seiriol, Siriol

Seirian ☼
= disglair
= *bright*

Seiriol ✢
sylfaenydd eglwys Penmon, Ynys Môn, 6ed ganrif. Cyfaill i Cybi, cyfyrder i Maelgwn Gwynedd, dydd gŵyl 1 Chwefror
founder of Penmon church, Ynys Môn, 6th century. Friend of Cybi, second cousin to Maelgwn Gwynedd, celebrated 1 February

Seisyll ✢
Seisyllt
Seisyll ap Clydog, fl. 730, brenin cyntaf Ceredigion ac Ystrad Tywi unedig
Seisyll ap Clydog, fl. 730, first king of joint Ceredigion and Ystrad Tywi

Seisyllt ✦
> Lladin, Sextilius. Seisnigwyd fel Cecil
Seisyllt ap Clydog, fl. 925, arglwydd
Gwynedd
Seisyllt ap Dyfnwal, –1175, lladdwyd yn
y Fenni
> *Latin, Sextilius. Anglicized as Cecil*
Seisyllt ap Clydog, fl. 925, lord of Gwynedd
Seisyllt ap Dyfnwal, –1175, killed at
Abergavenny

Seithennyn ✦
SEITHENNIN, SEITHNYN
Brenin Maes Gwydno (Cantre'r
Gwaelod) a orlifwyd gan y môr – Bae
Ceredigion
King of Maes Gwydno (Cantre'r Gwaelod)
which was flooded by the sea – Cardigan
Bay

Seithnyn
SEITHENNYN

Selwyn ✦
sêl + gwyn neu > Hen Saesneg, *sele* =
ceffyl + *wine* = cyfaill
sêl = *ardour* +gwyn = *white, or* > *Old*
English, sele = *horse* + wine = *friend*

Selyf ✦
ffurf ar SOLOMON > Hebraeg = gŵr
bach o heddwch, neu addolwr y duw
Salmon
tad Cybi sant, 500*
Selyf ap Llywarch Hen
Selyf ap Cynan, arweiniodd y Cymry
ym mrwydr Caer, a marw yno, 613*
form of SOLOMON > Hebrew = small man of
peace or worshipper of the god Shalman
*father of Cybi, 500**
Selyf ap Cynan, led the Welsh in the battle
*of Chester, and died there, 613**

Selyn ✦

Seran ☉
SAERAN, SARAN, SEREN

Seren ☉
> Lladin = tawel neu > Cymraeg =
seren
> *Latin = quiet or* > *Welsh*, seren = *star*

Serian ☉
SEREN, SARAN

Seth ✦
> Hebraeg = iawndal
un o feibion Adda ar ôl marw Abel
> *Hebrew = compensation*
one of Adam's sons after the death of Abel

Shân ☉
SIÂN

Shôn ✦
SIÔN

Shoni ✦
SIÔN, SHÔN

Siabod ✦
Moel Siabod, mynydd yng Ngwynedd
Moel Siabod, mountain in Gwynedd

Siams ✦
IAGO
cyfateb i JAMES
equivalent of JAMES

Siân ☉
> Hebraeg, Johanan = mae Iehofa
wedi ei ffafrio
ffurf fenywaidd SIÔN
> *Hebrew, Johanan = Jehovah has favoured*
feminine form of SIÔN

Sianco ✦
ffurf anwes ar SIENCYN
affectionate form of SIENCYN

Siani ✿
ffurf anwes ar SIÂN
affectionate form of SIÂN

Siarl ✛
CARLO
> Hen Almaeneg, *carl* = dyn. Saesneg,
Charles
> *Old German, carl = man. English,*
Charles

Siarlys ✛
CARLO, SIARL

Sibli ✿
> Groeg, Sibila = yr enw ar wragedd a
oedd yn llais i'r oraclau
Sibli Ddoeth
> *Greek, Sibila = the name of women who*
gave voice to the oracles
Sibli Ddoeth (the wise)

Sidan ✿
sidan = *silk*

Sieffre ✛
> Hen Almaeneg = tir, teithiwr neu lw
heddwch. Saesneg, Geoffrey
Sieffre o Fynwy, 1090*–1155, esgob
Llanelwy a chroniclydd, awdur Historia
Regum Britanniae
 > *Old German = land, traveller or pledge*
of peace. English, Geoffrey
Sieffre o Fynwy (Geoffrey of Monmouth),
1090–1155 , bishop of Llanelwy (St Asaph)*
and chronicler, author of Historia Regum
Britanniae

Siencyn ✛
enw a ddaeth gyda'r Fflemiaid. Ffurf ar
SIÔN + bychanig. Seisnigwyd yn Jenkin
the name came with the Flemish. Form of
JOHN + diminutive. Anglicized as Jenkin

Sifeniws ✛
> Lladin, Silvanus = duw coed
>*Latin, Silvanus = god of trees*

Silfan ✛ ✿
> Lladin, *silva* = coed
> *Latin,* silva = *wood*

Silin ✛
Silin ap Hywel

Silyn ✛
SILIN
Cwm Silyn, Sir Gaernarfon
R Silyn Roberts, 1871–1930, gweinidog a
gweithiwr cymdeithasol
Cwm Silyn, Gwynedd
R Silyn Roberts, 1871–1930, minister and
social worker

Simwnt ✛
SEIMON
Simwnt Fychan, 1530*–1606, bardd o
Ddyffryn Clwyd
Simwnt Fychan, c.1530–1606, poet from*
Vale of Clwyd

Siôn ✛
IOAN
> Hebraeg, Johanan = mae Iehofa
wedi ffafrio. Saesneg, John
Siôn Cent, 1367*–1430*, bardd
> *Hebrew, Johanan = Jehovah has*
favoured. English, John
Siôn Cent, 1367–1430*, poet*

Sioned ✿
ffurf anwes ar SIÂN
affectionate form of SIÂN

Sionen ✿
SIONED

Sioni
ffurf anwes ar Siôn
Sioni Sgubor Fawr, John Jones,
fl. 1811–58, un o derfysgwyr Rebeca
affectionate form of Siôn
Sioni Sgubor Fawr, John Jones, fl. 1811–58,
one of the Rebecca rioters

Sionyn ✛
ffurf anwes ar Siôn
affectionate form of Siôn

Siôr ✛
> Groeg, *georgos* = ffermwr. Saesneg,
George
> *Greek,* georgos = *farmer. English,*
George

Siriol ✛
siriol = *cheerful*

Siwan ✪
Saesneg, Joan
merch John, Brenin Lloegr, gwraig
Llywelyn Fawr, 13ᵉᵍ ganrif
English, Joan
daughter of John, king of England, wife of
Llywelyn Fawr, 13ᵗʰ century

Siwsan ✪
> Hebraeg, Shushannah = lili
Saesneg, Susan
> *Hebrew, Shushannah* = *lily*
English, Susan

Siwsanna ✪
Siwsan

Steffan ✛
> Groeg, *steffanas* = coron
Saesneg, Stephen
y merthyr Cristnogol cyntaf. Dydd
gŵyl, Dydd San Steffan, 26 Rhagfyr
Llansteffan, Sir Gaerfyrddin
> *Greek,* steffanas = *crown*

English, Stephen
the first Christian martyr. Celebrated 26
December, known as Dydd San Steffan
(St Stephen's Day)
Llansteffan, Carmarthenshire
San Steffan = *Westminster*

Stifyn ✛
Steffan

Styffan ✛
Steffan

Sulgwyn ✛
Sulgwyn = *Whitsun*

Sulgen ✛
Sulien
afon yn Sir Gaerfyrddin
a river in Carmarthenshire

Sulian ✛ ✪
Sulien

Sulien ✛
sul + geni
duw haul y Celtiaid
sant Celtaidd cynnar, 6ᵉᵈ ganrif, esgob
Tyddewi, 1011–91, tad Rhygyfarch
sul = *sunday* + geni = *born*
Celtic sun god
early Celtic saint, 6ᵗʰ century, bishop of St
David's, 1011–91, father of Rhygyfarch

Sulwen ✪
Sulwyn

Sulwyn ✛
sul = *sun* + gwyn = *white*, Sulgwyn =
Whitsun

Sycharth ✛
cartref Owain Glyn Dŵr
the home of Owain Glyn Dŵr

T

Taf ✣
afon ym Morgannwg
a river in Glamorgan (Taff)

Tafwys ✣
afon Tafwys = *river Thames*

Tafydd ✣
TAF, DAFYDD

Tanglws ✿
TANGWYSTL
Ynystanglws, Abertawe
Ynystanglws, Swansea

Tangno ✣
Collwyn ap Tangno, fl. 1020, sylfaenydd
un o 15 teulu pendefigol Cymru
tang = tangnefedd = *peace*
*Collwyn ap Tangno, fl. 1020, founder of one
of the 15 noble families of Wales*

Tangwen ✿
crybwyllir yn Culhwch ac Olwen
tang = *peace* + gwen = *white*
mentioned in Culhwch ac Olwen

Tangwyn ✣
tang = *peace* + gwyn = *blessed*

Tangwystl ✿
TANGLWS, TANGLWST
merch Brychan, gwraig Cyngen ap
Cadell
tang = *peace* + gwystl = *hostage, pledge*
*daughter of Brychan, wife of Cyngen ap
Cadell*

Talan ✣
Talan ap Llywarch Hen

Talfan ✣
Aneirin Talfan Davies, 1909–80, llenor a
darlledwr
tal = *tall* + ban = *beacon*
*Aneirin Talfan Davies, 1909–80, writer and
broadcaster*

Talfor ✣
? tal = *tall or tâl* = *brow* + mawr = *big*

Talfryn ✣
tal = *tall* + bryn = *hill*

Talhaearn ✣
un o'r tri bardd enwog ym
marddoniaeth Cymru'r 6[Ed] ganrif
Talhaearn, John Jones, 1810–70, bardd
Llanfair Talhaearn
tal = *tall or tâl* = *brow* + haearn = *iron*
*one of the three famous poets in Welsh
poetry of the 6th century
Talhaearn, John Jones, 1810–70, poet*

Talhaiarn ✣
TALHAEARN

Taliesin ✣
bardd o'r 6[Ed] ganrif, cyfoeswr i Aneirin,
canodd i Urien Rheged
enw arall ar Gwion yn Chwedl Taliesin
tâl = *brow* + iesin = *radiant*
*poet of the 6th century, contemporary of
Aneirin, sang to Urien Rheged
another name for Gwion in The Tale of
Taliesin*

Talog ✣
pentref yn Sir Gaerfyrddin
a village in Carmarthenshire

Talwyn ✣
tal = *tall* + gwyn = *white*

Tanad ✛
afon a dyffryn ym Mhowys
a river and valley in Powys

Tanat ✛
TANAD

Tanno ✧
#? TANGWYSTL

Tanwen ✧
tân = *fire or* tang = *peace* + gwen
= *white*

Taran ✛
= *thunder*

Taryn ✧

Tathal ✛
cyfeirir ato yn Culhwch ac Olwen, ffurf
Wyddeleg ar Tudwal
*mentioned in Culhwch ac Olwen, Irish
form for Tudwal*

Tathan ✛
sant o'r 5ed ganrif, nawddsant
Caerwent, dydd gŵyl 26 Rhagfyr
Sain Tathan, Morgannwg
*5th century saint, patron saint of Chepstow,
celebrated 26 December
Sain Tathan (St Athans), Glamorgan*

Tawe ✛
afon Tawe, Morgannwg
river Tawe, Glamorgan

Tecwyn ✛
sant cynnar, dilynydd Sant Cadfan
Llandecwyn, Sir Feirionnydd
teg = *fair* + gwyn = *white, blessed
early saint, follower of St Cadfan
Llandecwyn, Meirionnydd*

Tegái ✛ ✧
Tegái ab Ithel Hael
sant cynnar yn Ynys Môn
Llandygái, Gwynedd
early saint in Ynys Môn

Tegan ✛ ✧
TEGAU
sant cynnar
afon yng Ngheredigion
tegan = *toy or* teg = *fair
early saint
stream in Ceredigion*

Tegau ✧
TEGAN
Tegau Eurfron, arwres chwedlonol,
gwraig Caradog Freichfras
*Tegau Eurfron, legendary heroine, wife of
Caradog Freichfras*

Tegeirian ✛ ✧
teg = *fair* + eirian = *beautiful or*
tegeirian = *orchid*

Tegerin ✛
cyndad dau lwyth yn Ynys Môn
an ancestor of two tribes in Ynys Môn

Tegeryn ✛
TEGERIN

Tegfan ✛
tad-cu Coel Hen
sant cynnar yn Ynys Môn
crybwyllir yn Culhwch ac Olwen
teg = *fair* + ban = *summit or* man =
*place
grandfather of Coel Hen
early saint in Ynys Môn
mentioned in Culhwch ac Olwen*

Thomas Herbert Parry-Williams

Twm Morys

Trebor Edwards

Tegfedd ✪
Tegfedd ferch Tegid Foel, gwraig
Cedig ap Ceredig
chwaer Tydecho, sant o'r 6^{ed} ganrif
Llandegfedd, Mynwy
Tegfedd daughter of Tegid Foel (bald),
wife of Cedig ap Ceredig
sister of Tydecho, a 6th century saint
Llandegfedd, Monmouthshire

Tegfryn ✛
teg = *fair* + bryn = *hill*

Tegid ✛
> Lladin, Tacitus, neu = prydferth
hen dad-cu Cunedda
Tegid Foel, yn byw yn Llyn Tegid yn ôl
Chwedl Taliesin, tad Morfran
Tegid ap Teithwalch, brenin
Brycheiniog, 8^{fed} ganrif, gelyn i Offa
Llyn Tegid, Meirionnydd
> *Latin, Tacitus, or* teg = *fair*
great-grandfather of Cunedda
Tegid Foel, lived in Llyn Tegid according to
The Tale of Taliesin, father of Morfran
Tegid ap Teithwalch, king of Brecon,
8th century, enemy of Offa
Llyn Tegid = Bala Lake

Tegidwen ✪
Tegid + gwen = *white, blessed*

Tegla ✛
sant a gysylltir â Llandegla, Sir
Ddinbych
E Tegla Davies, 1880–1967, nofelydd a
gweinidog
saint associated with Llandegla,
Denbighshire
E Tegla Davies, 1880–1967, novelist and
minister

Tegryn ✛
ty (anwes) + Egryn
sant a gysylltir â Llanegryn, Gwynedd
Tegryn, Ceredigion
ty *(endearing)* + Egryn
saint associated with Llanegryn, Gwynedd

Tegwal ✛
Tegwel, Degwel

Tegwedd ✪
teg = *fair* + gwedd = *appearance*

Tegwel ✛
Degwel

Tegwen ✪
# Tegwyn
teg = *fair* + gwen = *white*

Tegwyn ✛
Tegwyn ap Gwyddno Hen
teg = *fair* + gwyn = *white*

Tegyn ✛ ✪
# Tegwyn, Tegwen
teg = *fair*

Teiddwen ✪
ty (anwes) + Eiddwen
(endearing) ty + Eiddwen

Teifi ✛ ✪
afon Teifi, Aberteifi
river Teifi, Aberteifi (Cardigan)

Teifina ✪
Teifi

Teifion ✛
Teifi, Eifion
ty (anwes) + Eifion
(endearing) ty + Eifion

Teifryn ✛
? Teifi + bryn = *hill*

Teilo ✛
sant o'r 6^{ed} ganrif, a weithiai yn ne
Cymru a Llydaw
Llandeilo, Dyfed
*6th century saint, who worked in south
Wales and Brittany*

Telaid ✿
telaid = *beautiful*

Telerch ✛
Tredelerch, ger Caerdydd
Tredelerch = Rumney, Cardiff

Teleri ✿
ty (anwes) + Eleri
crybwyllir yn Culhwch ac Olwen
afon yn Nyfed a Sir Fynwy
*ty (endearing) + Eleri
mentioned in Culhwch ac Olwen
a river in Dyfed and Gwent*

Telidwen ✿
? telaid = *beautiful* + gwen = *white, fair*

Telor ✛
telori = *sing*

Terfel ✛
Derfel

Terwin ✛
Terwyn

Terwyn ✛
# Derwyn
ter = *bright* + gwyn = *white*

Tesni ✿
tesni = *warmth*

Tewdrig ✛
tad-cu Brychan, tad Meurig, brenin
Glywysing
*grandfather of Brychan, father of Meurig,
king of Glywysing (Glamorgan)*

Tewdwr ✛
Tudur
>? Groeg, *theodoros* = rhodd Duw
Tewdwr ap Beli
>? *Greek,* theodoros = *gift of God*

Teyrnon ✛
arglwydd Gwent Is-coed yn y
Mabinogi. Dychwel Pryderi i Pwyll a
Rhiannon
y brenin mawr yng nghrefydd y
Celtiaid
teyrn = *ruler*
*lord of Gwent Is-coed in the Mabinogion.
Returns Pryderi to Pwyll and Rhiannon
the great king in Celtic religion*

Timotheus ✛
> Groeg = anrhydedd + duw
enw Beiblaidd
> *Greek = honour + god; Biblical name
equivalent of Timothy*

Tirion ✿ ✛
tirion = *gentle*

Tomas ✛
Tomos
Tomas ab Ieuan ap Rhys, 1510*–1560*,
bardd
Tomas ab Ieuan ap Rhys, 1510–1560*,
poet*

Tomi ✛
ffurf anwes ar Tomos
affectionate form of Tomos *(Tommy)*

Tomos ✚
> Aramaeg = gefaill. Un o'r 12 apostol
> *From Aramaic = twin. One of the 12*
apostles

Tonwen ✪
Tonwen ferch Cynyr
gwraig y brenin cynnar Dyfnwal
Moelmud
ton = *wave* + gwen = *white*
wife of the early king Dyfnwal Moelmud

Tonwenna ✚
TONWEN

Towyn ✚
TYWYN

Trahaearn ✚
Trahaearn ap Caradog, –1081, brenin
Gwynedd
Trahaearn Brydydd Mawr, bardd o'r
14ᵉᵍ ganrif
tra = *great* + haearn = *iron*
Trahaearn ap Caradog, –1081, king of
Gwynedd
Trahaearn Brydydd Mawr, poet of the
14ᵗʰ century

Trebor ✚
TREFOR, ROBERT

Trefin ✚
Trefin, Sir Benfro
enw barddol Edgar Phillips, 1889–1962,
bardd
Trefin, Pembrokeshire
bardic name of Edgar Phillips, 1889–1962,
poet

Trefina ✪
TREFIN

Treflyn ✚

Trefor ✚
enw sawl lle
Tudur Trefor ab Ynyr, fl. 950, sylfaenydd
un o 15 teulu bonheddig Cymru
tref = cartref = *home or town* + mor
(mawr) = *great or* môr = *sea*
name of many places
Tudur Trefor ab Ynyr, fl. 950, founder of one
of the 15 noble families of Wales

Tregeles ✪
Tregele, Ynys Môn
Tregele, Ynys Môn

Trillo ✚
Trillo ab Ithel Hael
Llandrillo-yn-Rhos, Conwy
Rhos on sea, Conwy

Tristan ✚
TRYSTAN

Tryddid ✚

Trydwyn ✚

Tryfan ✚
try (cryfhaol) + ban = uchelfan
mynydd yng Ngwynedd
try *(intensifying)* + ban = *peak*
a mountain in Gwynedd

Tryfanwy ✚ ✪
TRYFAN

Trygarn ✚
try (cryfhaol) + carn = craig
try *(intensifying)* + carn = *rock*

Trystan ✚
TRISTAN, DRYSTAN
> Celteg, Trwst = twrw, dylanwad
Ffrangeg, *triste* = trist
Trystan ap Tallwch
arwr y chwedl Trystan ac Esyllt

> *Celtig, Trwst = tumult, influence of French,* triste = *sad*
hero of the tale Trystan ac Esyllt (Trystan and Isolde)

Tudfil ✪
TUDFUL

Tudfor ✢
# TYDFOR
tud = *land* + mor = *great or* môr = *sea*

Tudful ✪
TUDFYL, TYDFIL
santes, merch Brychan, a ferthyrwyd ym Merthyr Tudful yn ôl traddodiad
saint, daughter of Brychan, who was martyred at Merthyr Tudful according to tradition

Tudfwlch ✢
Tudfwlch fab Cilydd, aeth i Gatraeth (gw. Aneirin: 'Trawai ef Saeson bob un o'r saithdydd')
Tudfwlch fab Cilydd, went to Catraeth (v. Aneirin: 'He struck Englishmen every one of the seven days')

Tudfyl ✪
TUDFUL
Tudfyl ferch Brychan

Tudno ✢
Tudno ab Seithennin
sant a gysylltir â Llandudno
saint associated with Llandudno

Tudri ✢
# TUDUR
tud = *land or tribe* + rhi = *ruler*

Tudrig ✢
TUDUR
brenin Gwent, 5ed ganrif
king of Gwent, 5th century

Tudur ✢
TEWDWR, TUDRI
> Celteg, Teutorigos, genidol = Teutoris, felly Tudur neu Tudri
neu > Groeg, theodoros = rhodd Duw
Harri Tudur, Harri VII a gipiodd goron Lloegr yn 1485
Tudur Aled, fl. 1480–1526, bardd o Lansannan
> *Celtic, Teutorigos, genitive form = Teutoris, thus Tudur or Tudri*
or > *Greek, theodoros = gift of God*
Harri Tudur, Henry VII who took the crown of England in 1485
Tudur Aled, fl. 1480–1526, poet from Llansannan

Tudwal ✢
sant cynnar
Tudwal Befr, esgob 600*
Tudwal ap Rhodri Mawr
Tudweiliog, Llŷn
tud = *gwlad, llwyth = country, tribe* + gwal = *ruler*
early saint
*Tudwal Befr, a bishop 600**

Tweli ✢
TYWELI
? dywal = dewr, ffyrnig, neu diwel = arllwys
Dywel ab Erbin, arwr a gladdwyd yng Nghaeo
afon Tyweli ger Allt Walis, Caerfyrddin
? dywal = *brave, fierce, or* diwel = *pour*
Dywel ab Erbin, hero buried at Caeo
Tyweli river near Allt Walis, Carmarthenshire

Twm ✢
ffurf anwes ar Tomos
Twm o'r Nant, Edward Thomas,
1739–1810, bardd ac anterliwtiwr
Twm Siôn Cati, 1530*–1609,
tirfeddiannwr, hynafiaethydd, bardd,
y tyfodd chwedlau o'i gwmpas
Twm Carnabwth, 1806*–1876, Thomas
Rees, un o arweinwyr terfysg Rebeca
affectionate form of Tomos
Twm o'r Nant, Edward Thomas,
1739–1810, poet and writer of plays
Twm Siôn Cati, 1530–1609, landowner,*
antiquarian and poet, around whom tales
of banditry grew
Twm Carnabwth, 1806–1876, Thomas*
Rees, one of the leaders of the Rebecca riots

Twrog ✢
sant a gysylltir â Llandwrog, Gwynedd
saint associated with Llandwrog, Gwynedd

Twynog ✢
Thomas Twynog Jeffreys, 1844–1911,
bardd
fferm Maestwynog, ger Llanwrda,
Caerfyrddin
Thomas Twynog Jeffreys, 1844–1911, poet
Maestwynog farm, near Llanwrda,
Carmarthenshire

Tybie ❂
santes, merch Brychan
Llandybie, Caerfyrddin
saint, daughter of Brychan
Llandybie, Carmarthenshire

Tybion ✢
Tybio, Dybion
Tybion ap Cunedda Wledig

Tydecho ✢
sant Celtaidd o'r 6ed ganrif
Celtic saint of the 6th century

Tydfil ❂
Tudful

Tydfilyn ✢ ❂
Tudful

Tydfor ✢
Tudfor
Tydfor Jones, 1934–83, bardd
Tydfor Jones, 1934–83, poet

Tydwen ✢
? tud = *country* + gwen = *white*

Tyfriog ✢
Briafael, Brieg
ffurf anwes ar Briafael
affectionate form of Briafael

Tyfrion ✢
Tyfriog

Tyfyriog ✢
Tyfriog, Biafael, Brieg

Tyleri ❂
Teleri
Abertyleri, Mynwy
Abertyleri, Monmouthshire

Tyngyr ✢
milwr a aeth i Gatraeth
a soldier who fought at Catraeth

Tysilio ✢
sant o'r 7fed ganrif, mab Brochfael,
brawd Cynan Garwyn, tywysog Powys
Llantysilio, Ynys Môn
7th century saint, son of Brochfael, brother
of Cynan Garwyn, prince of Powys
Llantysilio, Ynys Môn

Tysul ✛
SULIEN
ffurf anwes ar SULIEN
Tysul ap Corun
Llandysul, Ceredigion
affectionate form of SULIEN

Tyweli ✛
TWELI

Tywi ✛
afon Tywi, Caerfyrddin
river Tywi, Carmarthenshire

Tywyn ✛
Tywyn, Gwynedd
= *ray or sea-shore*
Tywyn = *Towyn, Gwynedd*

Tywynnog ✛
TYWYN
sant cynnar
Botwnnog, Gwynedd
early saint

U

Uchdryd ✛
cymeriad yn y chwedlau Arthuraidd
character in the Arthurian tales

Undeg ✛
# INDEG
un = *one* + teg = *fair*

Ungoed ✛
un = *one* + ? coed = *trees*

Urien ✛
> Brythoneg, Urbigenos = wedi'i eni
mewn dinas neu o enedigaeth
freintiedig
Urien Rheged ap Cynfarch, arweinydd
y Brython yn y 6ed ganrif yn yr Hen
Ogledd
> *Brythonic, Urbigenos = born in a city or
of privileged birth*
*Urien Rheged ap Cynfarch, leader of the
Britons in the 6th century in the Old North*

Uthr ✛
uthr = ofnadwy
Uthr Bendragon, tad y brenin Arthur
Uthr Bendragon, father of king Arthur
uthr = *terrible*

Wil Sam

Wiliam Morgan

Wil Cwac Cwac

Waldo Williams

William Williams, Pantycel

W

Waldo ✢
> Hen Saesneg, *wealdtheof, weald* = grym + *theof*= lleidr, Gotheg, *valdan* = teyrnasu
Waldo Williams, 1904–71, bardd a chenedlaetholwr
> *Old English*, wealdtheof, weald = *power* + theof = *thief, Gothic*, valdan = *rule*
Waldo Williams, 1904–71, poet and nationalist

Watcyn ✢
GWATCYN
> Hen Almaeneg, Waldhar, *vald* = rheolaeth + *harja* = pobl
Watcyn Powel, 1600*–55, bardd, gŵr bonheddig, achydd
Watcyn Wyn, Watkin H Williams, 1844–1903, bardd, pregethwr, athro
> *Old German, Waldhar,* vald = *rule* + harja = *folk*
Watcyn Powel, 1600–55, poet, nobleman, linealogist*
Watcyn Wyn, Watkin H Williams, 1844–1903, poet, preacher, teacher

Wedros ✢
Caerwedros, Ceredigion

Wena ✪
AWENA, MORWENA, WENNA

Wenhaf ✪
gwen = *white, fair* + haf = *summer*

Wenna ✪
WENA, ARWENA, MORWENA
Wenna ferch Brychan

Wenora ✪

Wenros ✢
GWERNOS

Wernos ✢
GWERNOS

Wil ✢
ffurf anwes ar GWILYM
Wil Ifan, William Evans, 1888–1968, bardd telynegol
affectionate form of GWILYM. Equivalent of Will
Wil Ifan, William Evans, 1888–1968, lyrical poet

Wiliam ✢
GWILYM
> Saesneg, William
Willam Llŷn, 1534/5–80, bardd
> *English, William*
Willam Llŷn, 1534/5–80, poet

Wmffre ✢
> Hen Saesneg, Hunfrith, Huni = cawr + frith = heddwch
> *Old English, Hunfrith,* Huni = *giant* + frith = *peace*

Wyn ✢
# GWYN
gwyn = *white, fair, blessed*

Wynallt ✢
GWYNALLT

Wyndraeth ✢
GWENDRAETH

Wynona ✪

Wyre ✢
cwm yng Ngheredigion
a valley in Ceredigion

Y

Ynyr ✛
Emyr, Aneirin
> Lladin, Honorius
Ynyr mab Cynfelyn, 4^{edd} ganrif
daeth meibion Ynyr Llydaw i Gymru
yn y 6^{ed} ganrif, llawer ohonynt yn saint
> Latin, Honorius
Ynyr, mab Cynfelyn, 4th century
sons of Ynyr Llydaw (Brittany) came to
Wales in the 6th century, many of them
saints

Ynyra ✿
Ynyr

Ysbaddaden ✛
cawr, tad Olwen yn Culhwch ac Olwen
*a giant, the father of Olwen in Culhwch ac
Olwen*

Ysbaenes ✿
gwraig Brychan
= *Spanish woman*
wife of Brychan

Ysfael ✛
un o feibion Cunedda
son of Cunedda

Ysgir ✛
Aberysgir, Powys

Ysgwn ✛
Ysgwn ap Llywarch Hen

Ysgyrran ✛
milwr a fu yng Nghatraeth
a warrior who fought at Catraeth

Ystwyth ✛ ✿
afon Ystwyth, Ceredigion
ystwyth = *supple*
river Ystwyth, Ceredigion

Ystyffan ✛
Steffan

Ywain ✛
Owain

Hefyd gan Heini Gruffudd . . .

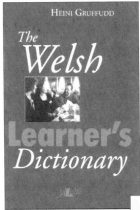

THE WELSH LEARNER'S DICTIONARY
Heini Gruffudd
At last, a really useful and helpful dictionary for Welsh learners, with 20,000 words and phrases.
0 86243 363 0
£6.95

CYMRAEG DA
Heini Gruffudd
Gramadeg cyfoes swmpus ond hwylus, gydag ymarferion ar ddisg.
0 86243 503 X
£14.95

WELCOME TO WELSH
Heini Gruffudd
A complete 15-part course introducing the language via photo-strip cartoons.
0 86243 069 0
£5.95

Am restr llawn o lyfrau'r
Lolfa, gofynnwch am gopi
rhad o'n Catalog newydd –
neu hwyliwch i mewn i'n
gwefan ddiogel
www.ylolfa.com
i archebu llyfrau ar-lein.

*Ask for our free Catalogue or
simply surf into our secure
website to order any books
on-line.*

TALYBONT, CEREDIGION, CYMRU (WALES) SY24 5AP
ebost ylolfa@ylolfa.com
gwefan www.ylolfa.com
ffôn (01970) 832 304
ffacs 832 782